Duden
Lernen lernen

Hausaufgaben und Klassenarbeiten

Duden
Lernen lernen

Für Schülerinnen und Schüler:

Richtig lernen in der Grundschule
Mit Spaß und Motivation zum Lernerfolg
Mit einem Ratgeber für Eltern
ISBN 3-411-71911-7

Konzentration
Training von Gedächtnis, Wahrnehmung und logischem Denken
4. bis 6. Klasse
ISBN 3-411-71241-4

Lerntipps
Hilfen zur selbstständigen Verbesserung der Lern- und Arbeitstechniken
5. bis 7. Klasse
ISBN 3-411-71251-1

Hausaufgaben und Klassenarbeiten
Probleme erkennen – Lösungen finden
5. bis 7. Klasse
ISBN 3-411-71272-4

Referate – Vorträge – Facharbeiten
Von der cleveren Vorbereitung zur wirkungsvollen Präsentation
9. bis 13. Klasse
ISBN 3-411-71821-8

Für Eltern:

Schultipps für Eltern
Unterstützen Sie den Lernerfolg Ihres Kindes
4. bis 10. Klasse
ISBN 3-411-71811-0

Duden
Lernen lernen

Hausaufgaben und Klassenarbeiten

Probleme erkennen –
Lösungen finden

von Bernhard Schader
mit Illustrationen von Marcus Frey

2., aktualisierte Auflage

Dudenverlag
Mannheim • Leipzig • Wien • Zürich

Bibliografische Information der Deutschen Bibliothek
Die Deutsche Bibliothek verzeichnet diese Publikation
in der Deutschen Nationalbibliografie;
detaillierte bibliografische Daten sind im Internet über
http://dnb.ddb.de abrufbar.

D C B A
Redaktion: *Simone Senk*
Herstellung: *Annette Scheerer*
Typografisches Konzept: *Nebe + Topitsch Design, München*
Satz und Gestaltung: *Frey Illustration, Frankfurt a. M.*
Umschlaggestaltung: *Bettina Bank, Heidelberg*
Druck und Bindung: *aprinta, Wemding*
Printed in Germany
ISBN 3-411-71272-4

Inhaltsverzeichnis

Liebe Eltern!

Wenn Sie Vorworte nicht mögen, dann schauen Sie doch einfach einige Abschnitte an, zum Beispiel:

Wie soll ich nur anfangen? Seite 44

Unglaublich – Hausaufgaben machen Spaß? Seite 41

Angst vor Klassenarbeiten? Seite 28

Ich bin gut – auch in der Schule! Seite 26

Wo ist denn schon wieder das Lineal? Seite 46

Ärger, Streit, Diskussionen über Hausaufgaben – dreimal in der Woche oder öfter? „Ich weiß nicht, wie das geht!“ „Ich weiß nicht, wie ich anfangen soll!“ „Ich mache es später!“ „O je, das habe ich ganz vergessen!“ Klassenarbeiten, deren Vorbereitung die ganze Familie beschäftigt und in Atem hält? Enttäuschung, Entmutigung, weil trotz allem kein gutes Resultat herausgekommen ist? Vielleicht kennen Sie das.

Viele Kinder kommen mit ihren Hausaufgaben nicht zurecht: Sie brauchen unnötig lange, können (oder wollen) ihre Aufgaben nicht alleine machen, verschieben sie immer wieder, vergessen die Hälfte, arbeiten planlos und lustlos. Ihre Motivation zum Lernen zu Hause ist häufig gering, von Spaß am Lernen kann nicht die Rede sein, von guten Ergebnissen häufig auch nicht. Manche Kinder haben große Angst vor Klassenarbeiten und Tests, lernen zwar mit viel Mühe und großem Zeitaufwand „für die Arbeit“ und schreiben trotzdem häufig schlechte Noten. Und viele Eltern würden ihre Kinder in dieser Situation gern unterstützen, aber sie wissen oft nicht, wie.

Dieses Buch richtet sich an Schülerinnen und Schüler der Klassen 5 bis 7. Es will ihnen helfen, ihre Hausaufgaben und Klassenarbeiten effizienter, erfolgreicher und mit weniger Angst und Stress zu bewältigen. Mithilfe des Buchs können sie entdecken,
- dass Lernen interessant und spannend sein kann
- und dass sie selbst Spaß am Lernen haben können.

Das Buch macht Kindern Vorschläge,
- wie sie ihre eigenen Fähigkeiten genauer kennen lernen und positiver bewerten können,
- wie sie ihre Hausaufgaben besser organisieren können,
- wie sie Lerntechniken gezielt einsetzen und Hilfsmittel systematisch nutzen können,
- wie sie ihre Konzentrationsfähigkeit verbessern können.

Und es will ihnen Möglichkeiten zeigen,
- wie sie Klassenarbeiten in Ruhe vorbereiten können,
- wie sie mit der Angst vor Klassenarbeiten entspannter umgehen und sie verringern können,
- wie sie aus den Ergebnissen von Klassenarbeiten – auch bei Misserfolgen – neue Chancen für sich entwickeln können.

Das Buch ist ein *Arbeitsbuch:* Ausgehend von ihren eigenen Fragen und Problemen können die Kinder beliebige Kapitel aus dem Buch auswählen. Mit einem kurzen Text werden sie in das Thema eingeführt. Anhand vielfältiger Aufgabenstellungen (malen, schreiben, Tabellen anlegen, ...) können die Kinder *ihre eigenen, persönlichen Problemlösungen* erarbeiten. An vielen Stellen werden sie durch Querverweise am Rand auf andere Kapitel mit verwandten Themen hingewiesen.
Max und Julia führen durchs Buch, erzählen von ihren eigenen Schwierigkeiten, Erfolgen, Fragen, Problemen und Lösungen; Professor Schönberg gibt immer wieder detaillierte Hinweise und Informationen.

Julia, Max und Professor Schönberg werden auf Seite 10 vorgestellt.

Ihr Kind sollte das Buch über längere Zeit *regelmäßig* (am besten täglich) benutzen und dabei jeweils nur *kurze Einheiten* durcharbeiten. Es ist besser, jeden Tag ein Kapitel zu bearbeiten, als am Wochenende viele Kapitel auf einmal.

Wichtig ist, dass Ihr Kind mithilfe des Buchs lernt, *selbstständig und eigenverantwortlich* zu lernen. Wenn es um Unterstützung bittet, sollten Sie ihm Hinweise und Hilfen geben, die es ihm ermöglichen, alleine (oder mit anderen Kindern) weiterzuarbeiten. Wenn Sie Ihr Kind seine *eigenen Fähigkeiten entdecken* und seine *eigenen Lösungen finden* lassen, helfen Sie ihm sicher mehr, als wenn Sie ihm (vor)sagen, was „richtig“ oder „falsch“ ist.

Wenn Sie wollen, schauen Sie doch einmal in den Abschnitt „Hausaufgaben – mit den Eltern?“ Seite 71

Und noch etwas: Dieses Buch ist kein Zauberbuch. Erwarten Sie keine Wunder, jedenfalls keine plötzlichen. Entwicklungs- und Lernprozesse brauchen Zeit. Wenn Sie aufmerksam darauf achten, werden Sie und Ihr Kind sicher bald viele kleine Fortschritte entdecken können. Und aus den vielen kleinen können allmählich größere Fortschritte werden.

Autor und Verlag wünschen Ihnen und Ihrem Kind viele interessante Entdeckungen, spannende Erfahrungen, neue Erkenntnisse und viele, viele Fortschritte.

Bernhard Schader

1 Einleitung

Hausaufgaben, Klassenarbeiten – für die meisten Schülerinnen und Schüler ist das kein schönes Thema. Im Gegenteil: Viele wären froh, wenn es sie gar nicht gäbe. Aber leider gibt es sie. Es muss aber nicht immer schrecklich sein: Man kann lernen, wie man bessere Klassenarbeiten schreiben kann, mit weniger Stress. Du kannst das auch lernen. Und du kannst lernen, wie du mit deinen Hausaufgaben besser zurechtkommst. Wie sie manchmal sogar Spaß machen. Ehrlich: Das geht. Mit diesem Buch kannst du lernen, wie man das schafft.

Du solltest dieses Buch nicht an einem Stück durchlesen. Blättere es erst einmal durch. Sicher findest du einige Abschnitte, die dich interessieren. Dann suche dir ein Thema aus, mit dem du anfangen willst.

Wenn du dein Thema gefunden hast, dann kannst du zuerst den Text lesen. Aber: Dieses Buch ist nicht nur ein Lesebuch. Überall findest du Vorschläge, selbst etwas zu tun: malen, zeichnen, ankreuzen, Tabellen ausfüllen oder ins Buch schreiben. Das Buch ist also ein *Lese-Mal-Ankreuz-Ausfüll-Schreib-Buch*. Es nützt dir aber nur etwas, wenn du auch wirklich etwas tust: malen, ankreuzen, ausfüllen, ...

Du kannst mit diesem Buch eine Menge über dich selbst herausfinden: welche Fähigkeiten du hast, ob du besser allein oder mit anderen lernst und noch einiges mehr. Du kannst auch lernen, was du gegen die Angst vor Klassenarbeiten tun kannst. Oder was du tun kannst, um dich besser konzentrieren zu können. Das heißt: Dieses Buch ist ein *Lern-Herausfind-Lese-Mal-Ankreuz-Ausfüll-Schreib-Buch*.

Außerdem findest du Vorschläge und Ideen, wie du dir deine Hausaufgaben leichter und interessanter machen kannst, wie du dich auf eine Klassenarbeit vorbereiten kannst oder wie du mit einer Lehrerin oder einem Lehrer reden kannst, wenn du mit den Hausaufgaben nicht klarkommst. Jetzt weißt du es noch genauer: Dieses Buch ist ein *Ideen-Vorschlags-Lern-Herausfind-Lese-Mal-Ankreuz-Ausfüll-Schreib-Buch*.

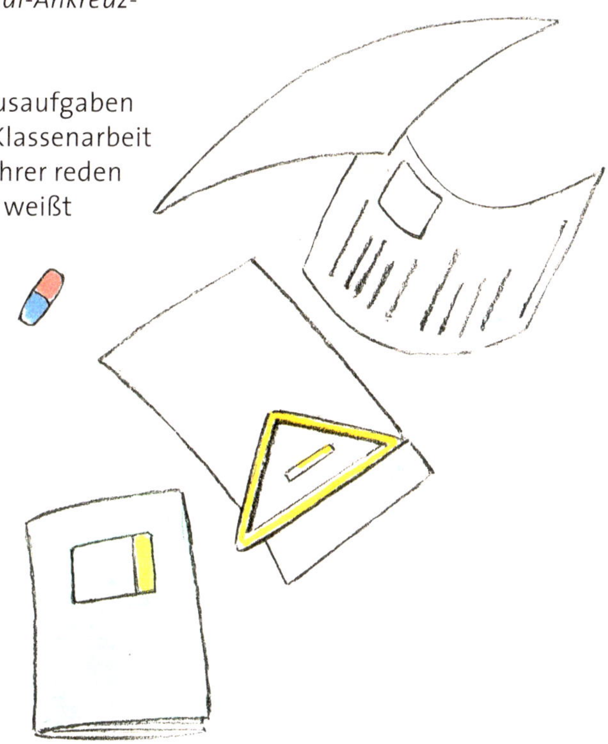

Am besten ist es, wenn du dieses Buch regelmäßig benutzt. Es genügt, wenn du an einem Tag ein Kapitel bearbeitest, nicht mehr. Am nächsten Tag kannst du ja weitermachen. Mache aber die Abstände nicht zu lang! Wenn du erst nach drei Tagen oder einer Woche weitermachst, hast du vielleicht schon einiges vergessen und den Faden verloren. Dann hast du keinen Spaß mehr daran. Und Spaß soll dir dieses Buch auf jeden Fall machen.
So. Nun weißt du endlich ganz genau, was für ein Buch das ist: Es ist ein *Arbeits-Spaß-Ideen-Vorschlags-Lern-Herausfind-Lese-Mal-Ankreuz-Ausfüll-Schreib-Buch*.

Und jetzt blätterst du am besten gleich weiter.

Julia, Max und Professor Schönberg

Diese drei Personen wirst du in diesem Buch immer wieder treffen:
Julia, Max und Professor Schönberg.

Das ist Julia.
Julia ist 11 Jahre alt. Sie spielt in der Fußballmannschaft ihrer Schule. (Ziemlich gut, meint Max.) Und sie ist fit am Computer. Internet? Kein Problem für Julia! Wir haben sie gefragt, wie sie in der Schule ist.
„Na ja. Spannend finde ich die Schule nicht gerade. Aber manchmal macht es auch Spaß. Ich habe ganz ordentliche Noten. Meine Lehrer sagen allerdings, ich könnte noch viel bessere haben, wenn ich besser lernen würde. Aber keiner sagt mir, wie man das macht: besser lernen, richtig lernen."

O.k., Julia, vielleicht kann dir ja unser Buch weiterhelfen.
„Das wäre nicht schlecht!"

Das ist Max.
Max ist Julias bester Freund. Er ist ebenfalls 11. Max ist im Judo-Club. Er hat den gelben Gürtel und trainiert gerade für den orangefarbenen. (Richtig gut, meint sein Trainer.) Fußball schaut er sich lieber im Fernsehen an.
Max ist Biologiespezialist. Über Säugetiere, Vögel und Fische weiß er fast alles.

Sein Horrorfach ist Mathematik. Und in Englisch ist er auch nur mittelprächtig.
„Ich lerne und lerne. Aber es kommt nicht viel dabei heraus. Irgendwas mache ich falsch."
Und wie ist das mit den Tieren? Und mit Judo? Da musst du doch auch eine Menge lernen!
„Das ist etwas anderes. Es interessiert mich eben. Da muss ich mir keine Mühe geben, etwas zu lernen, das geht einfach so."
Danke für die Auskunft, Max.
Vielleicht können wir dich unterstützen, damit du in Mathematik und Englisch genau so gut wirst wie im Judo und in Biologie.

Das ist Professor Schönberg.
Er erforscht seit Jahren, wie Menschen – junge und alte – am besten lernen. Er schreibt Bücher über das Lernen und hält oft Vorträge für Eltern und Lehrer. Und natürlich liest er alle Bücher über das Lernen, die seine Kolleginnen und Kollegen in der ganzen Welt schreiben. In unserem Buch wird er dir einige Tipps geben, wie du lernen kannst, besser zu lernen.
Herr Professor, können Sie uns etwas über das Lernen sagen?
„Aber natürlich. Erstens: Manche Menschen glauben, es sei furchtbar schwierig und langweilig, etwas zu lernen. Aber das stimmt nicht. Man muss es nur richtig machen. Dann wird es immer einfacher und macht oft sogar Spaß.
Und zweitens: Man kann lernen, wie man richtig und erfolgreich lernt.
Das klingt kompliziert, ist aber eigentlich ganz leicht.
Man muss es nur ausprobieren und ein bisschen trainieren."

Und was tun Sie in Ihrer Freizeit, wenn Sie nicht mit Ihren Forschungen beschäftigt sind?
„Ich koche gerne, vor allem italienisch und türkisch, und lade gerne Freunde zum Essen ein. In den letzten drei Jahren habe ich 17 neue Spaghettisoßen erfunden. Meine Frau und meine Kinder waren ganz begeistert! Und ich lese furchtbar gerne spannende Kriminalromane, mit cleveren Kommissarinnen und Kommissaren."

Vielen Dank für das Gespräch, Herr Professor!

2

Alle Menschen lernen – aber wie?

Ein Lern-Lebenslauf

„Schule ist doof", sagt Max. „Hausaufgaben sind noch blöder. Immer lernen, lernen, lernen. Das normale Leben ist viel interessanter. Da muss man nicht dauernd etwas lernen."
„Wieso?", fragt Julia. „Wir haben doch auch schon etwas gelernt, bevor wir in die Schule gekommen sind."
„Was denn?"
„Also, ich konnte schon meinen Namen schreiben. Und ein paar Wörter konnte ich auch schon lesen."
„Na gut", gibt Max zu, „bis 20 zählen konnte ich auch schon. Und ein paar italienische Wörter aus dem Urlaub, als wir in Italien waren. Aber sonst ... Ich bin froh, dass man im richtigen Leben nichts lernen muss. Es ist mir gerade genug, für die Schule zu lernen."
Julia schüttelt den Kopf: „Ich weiß nicht. Sprechen hast du auch gelernt, ohne Schule. Oder Fahrrad fahren oder Judo."

Jetzt klingt es fast, als wollten die beiden sich streiten. Fragen wir doch Professor Schönberg. Vielleicht kann er uns erklären, wie das mit dem Lernen im „richtigen Leben" ist.

Professor Schönberg:
Alle Menschen lernen ihr ganzes Leben lang. Schon als Babys müssen sie eine ganze Menge lernen. Sie lernen krabbeln und laufen, oder sie lernen, wie man etwas zum Essen festhält und in den Mund steckt. Das ist gar nicht so einfach, und Babys müssen ziemlich lange üben, bis sie es können. Beim Laufenlernen fallen sie immer wieder um, aber sie üben weiter, bis sie es können. Später lernen Kinder, wie man spricht, wie man Spiele spielt oder wie man sich anzieht. All das können sie nicht von selbst. Sie müssen es lernen. Und so geht es immer weiter. Kinder lernen jeden Tag etwas Neues: wie man Schuhe bindet, wie man telefoniert, wie die Fernbedienung des Fernsehers funktioniert, wie man mit einem Computer umgeht und tausend andere Dinge. Das meiste davon lernen sie ganz ohne Schule – von ihren Eltern, von Freunden oder von anderen.

„Heißt das, dass man außerhalb der Schule genauso viel lernt wie in der Schule?“

„Ja, genau. Und es hört auch nicht auf – auch nach der Schule muss man ständig etwas Neues lernen.“

„Das heißt also, dass man eigentlich das ganze Leben lang lernt, nicht nur in der Schule.“ „Moment mal!“, ruft Max dazwischen.
„Hab ich das richtig verstanden: Das Lernen in der Schule ist nur ein kleiner Teil von dem, was man ohnehin das ganze Leben lang macht?“
„Klar, Max“, spottet Julia, „du hast vollkommen richtig verstanden!“

Auch du hast in deinem Leben schon eine Menge gelernt. Auf der nächsten Seite kannst du einen Lern-Lebenslauf malen und schreiben. Male in jedes Feld etwas Interessantes, das du gelernt hast. Schreibe dazu, wie alt du damals warst. Als letztes Bild kannst du etwas malen, was du gerne in der nächsten Zeit lernen möchtest.

Aus dem Lern-Lebenslauf von Max:
mit 4 Jahren: Oma anrufen

Aus Julias Lern-Lebenslauf:
mit 9 Jahren: Computer

Was du hier tun kannst, steht auf Seite 13.

Die Geschichte vom Nürnberger Trichter

Kennst du Georg Philipp Harsdörffer? Nein? Macht nichts, die meisten Leute kennen ihn nicht. Philipp Harsdörffer lebte in Nürnberg. Um das Jahr 1650 herum war er ein bekannter Schriftsteller; ein Poet, sagte man damals. Er schrieb Gedichte und Geschichten und war bei seinen Lesern sehr angesehen. Da er auch anderen erklären wollte, wie man dichtet, schrieb er ein Buch über die Dichtkunst. Es hatte den Titel „Poetischer Trichter oder Anweisung, in sechs Stunden die deutsche Dicht- und Reimkunst einzugießen“. Später nannten die Leute das Buch einfach den „Nürnberger Trichter“. Philipp Harsdörffer glaubte anscheinend, er könne anderen mit seinem Buch die Fähigkeit „eingießen“, gute Gedichte und spannende Geschichten zu schreiben, wie mit einem Trichter, direkt ins Gehirn hinein.

„Das wäre doch toll“, meint Max. „Stell dir vor: Unsere Lehrer setzen uns einen Trichter auf den Kopf, schütten alles hinein, was wir wissen müssen, und fertig!“
„Super!“, ruft Julia. „Nach sechs Stunden ist alles im Gehirn, und wir haben den Rest des Schuljahrs frei!“

Eigentlich eine gute Idee, dieser Trichter. Ob es funktioniert? Professor Schönberg, was meinen Sie: Waren die Leser von Philipp Harsdörffers Buch nach sechs Stunden gute Dichter?
„Wohl kaum. Auf diese Art kann man nichts lernen. Unser Gehirn ist kein Fass, in das man etwas hineingießt, damit man es später, wenn man es braucht, einfach wieder herausholen kann. Wenn man etwas wissen oder können will, dann geht das nicht automatisch. Man muss es lernen, das heißt, man muss es sich erarbeiten, üben, trainieren, wiederholen. Deswegen gibt es die Schule und – zum Weitertrainieren – die Hausaufgaben.“

Wie man sich besser auf eine Klassenarbeit vorbereitet, kannst du im Abschnitt „Nicht alles auf einmal!“ auf Seite 77 lesen.

Viele Schülerinnen und Schüler finden es auch ziemlich überflüssig, Hausaufgaben zu machen. Sie meinen, dass es ausreicht, wenn sie vor Klassenarbeiten gründlich lernen. Was sagen Sie dazu, Herr Professor?
„Das kann auch gründlich danebengehen. Wer so lernt, lernt auf die Art des Nürnberger Trichters: an einem Nachmittag möglichst viel ins Gehirn „eintrichtern“. Oft weiß man schon bei der Arbeit nur noch einen Teil von dem, was man gelernt hat, und einige Tage später hat man fast alles vergessen. Wer nur für Klassenarbeiten lernt, lernt auf die Dauer sehr wenig.“

„Das stimmt leider", sagt Max. „Auf diese Art habe ich schon einige schlechte Noten geschrieben. Aber irgendwie muss ich doch für Arbeiten lernen." „Und einfach von selbst kommt das Wissen ja auch nicht in den Kopf!", sagt Julia. „Nein, einfach von selbst geht es nicht. Das beste Mittel, sich auf eine Klassenarbeit vorzubereiten, ist regelmäßig im Unterricht mitzuarbeiten und regelmäßig seine Hausaufgaben zu machen. Dabei trainiert und wiederholt man den Stoff meistens ziemlich intensiv und braucht nicht viel besondere Vorbereitung für eine Arbeit."

Schade, Herr Professor. Das klingt alles ziemlich anstrengend und nicht gerade spannend und lustig. Viele Schülerinnen und Schüler finden ja gerade die Hausaufgaben ziemlich mühsam und langweilig.
„Nun, man kann sich das Lernen auch leicht machen und trotzdem viel lernen. Und langweilig muss es überhaupt nicht sein! Etwas Arbeit ist es manchmal schon, aber es kann sehr interessant sein und richtig Spaß machen, auch die Hausaufgaben. Es gibt eine ganze Menge Wege, Tricks und Methoden, wie man das Lernen interessant gestalten kann. Zum Beispiel kann man …"

Du kannst weiterlesen im Abschnitt „Unglaublich – Hausaufgaben machen Spaß?" auf Seite 41.

Einen Moment bitte, Professor Schönberg! Das dauert ja sicher etwas länger, wenn Sie das jetzt ausführlich erklären. Vielleicht könnten wir das über das ganze Buch verteilen. Es muss ja nicht alles in sechs Stunden gehen wie beim Nürnberger Trichter.

Stell dir vor, es gäbe wirklich einen „Nürnberger Trichter", so wie du ihn in der Zeichnung siehst. Du kannst hineinschreiben, was du gern in deinen Kopf einfüllen würdest, wenn es so einen Trichter gäbe.

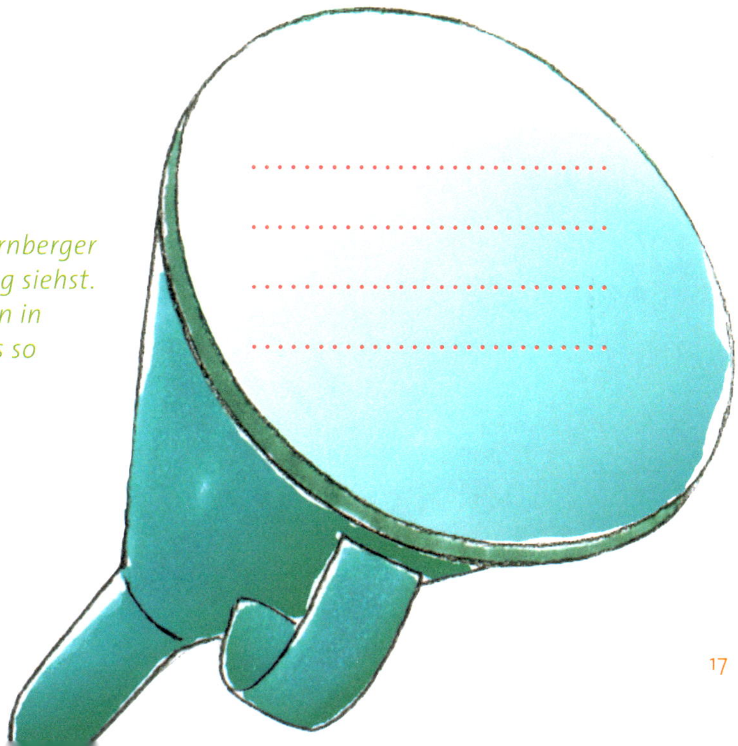

Ein Gedächtnistest

Gestern Nachmittag haben Max und Julia im Erdkundebuch das ganze Kapitel „Am Meer“ gelesen. Aber heute in der Erdkundestunde haben sie gemerkt: Sie haben ziemlich viel vergessen. Nur ganz wenig ist hängen geblieben. Vielleicht ist es dir auch schon so gegangen. Hier kannst du erfahren, woran das liegt und wie du es besser machen kannst.

1. Lesen
Lies die Wörter in den Kästchen leise, ohne zu sprechen, und versuche sie dir zu merken. Lass dir etwa zwei Minuten Zeit. Danach legst du ein Blatt Papier über die Wörter, damit du sie nicht mehr sehen kannst.

Du brauchst dazu einen Stift und zwei Blätter Papier (eines zum Schreiben, eines zum Abdecken), eine Uhr und etwa 30 Minuten Zeit. Am Seitenrand steht, was du tun sollst.

Hubschrauber	**Löwe**	**Badewanne**	**Heft**	**Blumenstrauß**
Postkarte	**Lampe**	**Hose**	**Tuch**	**Zebra**
CD-Player	**Straße**	**Spiegel**	**Schublade**	**Katze**
Brief	**Mond**	**Bett**	**Wiese**	**Haltestelle**

Hast du die Wörter abgedeckt? Dann gehe jetzt ans Fenster, schaue hinaus und zähle alles auf, was du siehst. Sage es laut: Ich sehe ein Auto, einen Baum, ein Flugzeug, ... Wirklich alles!
Lass dir etwa fünf Minuten Zeit.

Schreibe auf das andere Blatt alle Wörter, die du dir gemerkt hast.
Du hast zwei Minuten Zeit.
Dann gehe auf die nächste Seite zum zweiten Teil des Tests.

2. Lesen und Sehen

Schaue dir die Bilder an, lies die Wörter (leise, ohne zu sprechen) und versuche sie dir zu merken. Lass dir etwa zwei Minuten Zeit. Danach deckst du wieder alles ab.

Glühbirne

Auto

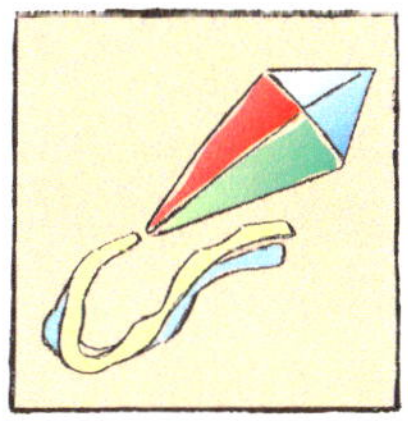

Drache

Hochhaus

Schwein

Zahnbürste

Foto

Schraubenzieher

Füller

Mütze

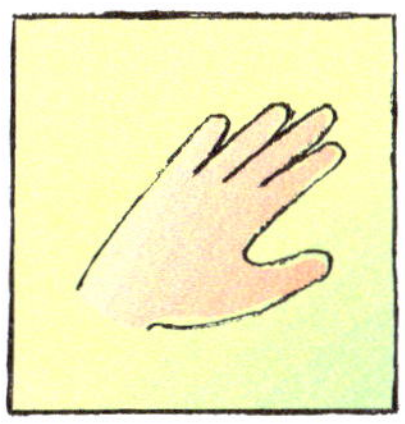

Hand

Stuhl

Tasche

Apfel

Fernseher

Fenster

Banane

Ameise

Rose

Federball

Hast du alles abgedeckt? Dann rechne jetzt möglichst viele Aufgaben aus dem kleinen und dem großen Einmaleins (schriftlich!). Also etwa 7 × 9 = 63; 12 × 12 = 144; …
Mache das etwa fünf Minuten lang. Schreibe wieder alle Wörter auf, die du dir gemerkt hast. Du hast zwei Minuten Zeit.
Danach blättere weiter zum dritten Teil des Tests.

3. Etwas tun

Jetzt sollst du zu den Wörtern jeweils selbst etwas zeichnen. Für diese Aufgabe kannst du dir etwas mehr Zeit lassen. Danach deckst du wieder alles ab.

Brille	**Birne**	**Stiefel**	**Landkarte**	**Osterei**
Tisch	**Bleistift**	**Münze**	**Kaugummi**	**Hammer**
Schnecke	**Kopf**	**Kamm**	**Lkw**	**Teller**
Vogel	**Karotte**	**Blatt**	**Gabel**	**Igel**

Alles abgedeckt? Gut. Dann schaue dich jetzt im Zimmer um und schreibe alles auf, was du siehst. Also: Ich sehe einen Tisch, ein Poster an der Wand, …
Nimm dir etwa fünf Minuten Zeit dafür. Schreibe wieder die Wörter auf, die du dir gemerkt hast. Du hast zwei Minuten Zeit.
Auf der nächsten Seite findest du die Testauswertung.

Testauswertung
Hier kannst du deine Ergebnisse eintragen: Schreibe in die Kästchen, wie viele Wörter du behalten und aufgeschrieben hast.

Test 1 **Test 2** **Test 3**

Wie ist dein Ergebnis? Bist du zufrieden? Bei welcher Aufgabe hast du am besten abgeschnitten? Die meisten Kinder und Erwachsenen, die diesen Test machen, haben ihr bestes Ergebnis bei Test 3, manche auch bei Test 2.
Bei Test 1 mit den Wörtern ohne Zeichnungen haben die meisten Leute kein gutes Ergebnis.

So viel behält man, wenn man etwas nur liest oder hört:

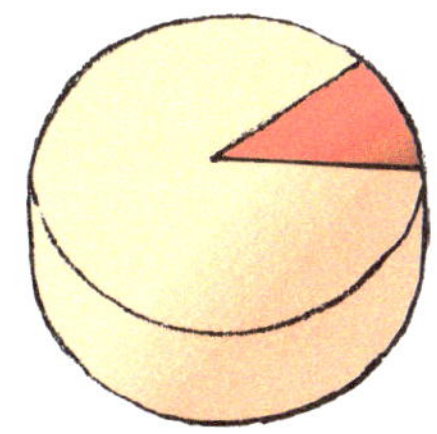

So viel behält man, wenn man etwas sieht und hört:

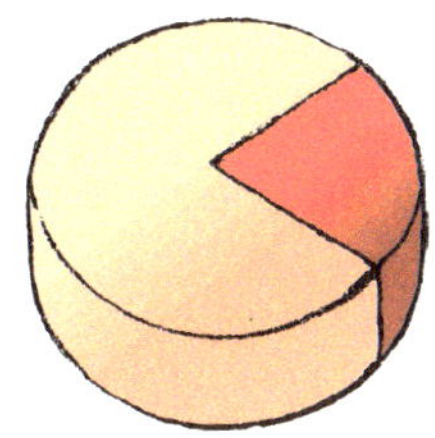

So viel behält man, wenn man mit dem Stoff etwas tut:

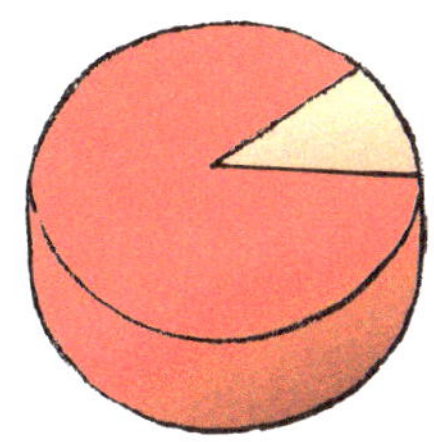

Warum das so ist, erklärt dir Professor Schönberg:
Man kann über verschiedene „Kanäle" lernen, das heißt über verschiedene „Eingänge" zum Gehirn, beispielsweise über das Lesen, das Hören oder das Sehen. Aber man vergisst das meiste, wenn man nur ***einen Kanal*** *benutzt. Bei Test 1 hast du die Wörter nur* ***gelesen,*** *also nur einen Kanal benutzt; wahrscheinlich ist dein Ergebnis hier nicht so gut.*
Wenn man über ***zwei Kanäle*** *lernt, ist das Ergebnis meistens besser. Bei Test 2 benutzt man zwei Kanäle:* ***sehen und lesen.*** *Deswegen haben die meisten Menschen hier ein besseres Ergebnis.*
Am meisten kann man behalten, wenn man ***selbst etwas macht*** *mit dem Stoff, den man lernen will: wenn man selbst etwas schreibt, zeichnet oder baut, wenn man eine Tabelle anlegt oder ein Lernposter herstellt oder … Bei Test 3 musste man selbst etwas tun, nämlich zeichnen. Die meisten Menschen haben deswegen hier ihr bestes Ergebnis.*

3

Du schaffst es!

Eine Entdeckungsreise

Hier kannst du eine Entdeckungsreise machen wie ein Forscher. Du kannst erforschen, was in dir steckt: Welche Begabungen und Fähigkeiten hast du? Was kannst du besonders gut? Wie geschickt bist du? Wie sympathisch, wie clever, wie intelligent, wie sportlich, wie freundlich?

Es geht ganz einfach: Zuerst überlegst du, was du ***mit deinem Körper*** *gut kannst. Denke an deine Arme und Hände, an deine Beine und Füße, an deine Augen, deine Ohren, deinen Mund, … Dann schreibe es auf. Vielleicht kannst du gut basteln. Oder gut klettern – schreibe alles hin, was dir einfällt. Egal, ob du es wichtig findest oder unwichtig: Schreibe es hin!*
Nimm dir Zeit dazu, du hast mehr Fähigkeiten, als du denkst!

Dann überlegst du, was du mit ***deinem Verstand*** *gut kannst. Textaufgaben rechnen oder Schach spielen oder Geschichten erfinden oder Rätsel lösen und so weiter. Schreibe wieder alles auf.*

Zuletzt überlegst du, welche Fähigkeiten du hast im ***Umgang mit anderen Menschen.*** *Vielleicht bist du eine gute Freundin oder ein guter Freund. Oder du kannst anderen gut zuhören. Vielleicht kannst du anderen gute Vorschläge machen oder Streit schlichten. Schreibe alles auf.*

Julia hat einen Fußball an ihren Baum gehängt, weil sie gut Fußball spielt.

Dieser Baum hat leider keine Früchte. Du könntest aber deine Fähigkeiten und guten Eigenschaften malen und wie Früchte an den Baum hängen. Wenn du gut Tischtennis spielen kannst, kannst du einen Tischtennisschläger an den Baum malen. Wenn du ein guter Freund bist, kannst du ein Herz malen. Wenn du gut rechnen kannst, eine große Zahl. Wenn du gut zuhören kannst,ein Ohr. Wenn du fertig bist, sollte dein Baum voll mit „Früchten" sein.

Wenn du deine Entdeckungsreise beendet hast, blättere bitte weiter.

Meine Forschungsergebnisse

Hat dir die Entdeckungsreise Spaß gemacht? Hier kannst du ankreuzen, was du herausgefunden hast.

- ○ **Ich habe eine Menge Fähigkeiten entdeckt.**

Toll! Vielleicht bist du überrascht, wie viele es sind. So geht es den meisten Menschen, sie wissen gar nicht, was in ihnen steckt, und sind ganz erstaunt darüber, dass sie viel mehr können und viel mehr gute Eigenschaften haben, als sie immer geglaubt haben.

- ○ **Es ist mir schwer gefallen, etwas hinzuschreiben, und ich habe nicht so viele Fähigkeiten entdeckt.**

Manchmal braucht man ein bisschen Zeit, um etwas zu entdecken. Versuche es noch einmal, vielleicht in einer Stunde oder morgen. Gib nicht auf! Wenn du willst, kannst du dir auch helfen lassen, von einer Freundin oder einem Freund, deinen Eltern oder von irgendjemandem, der dich gut kennt. Auf jeden Fall: Blättere noch einmal zurück und suche weiter. Wenn dir beim Schreiben nichts einfällt, kannst du auch zuerst etwas an den Baum malen und es später aufschreiben. Du wirst sehen: Auch in dir steckt mehr, als du glaubst!

Jetzt kannst du deine Forschungsreise fort setzen. Du kannst zum Beispiel überlegen, was du besonders gut kannst. Auf der nächsten Seite kannst du die Liste deiner drei Super-Fähigkeiten einzeichnen.

Meine persönliche Hitliste

Hier kannst du eintragen, was du am allerbesten kannst.
Es geht ganz einfach: Am Rand siehst du Julias Hitliste.
Mache es genau so wie sie: Schreibe deine Super-Fähigkeiten
auf die Linien und zeichne mit Farbe ein, wie gut du darin bist.

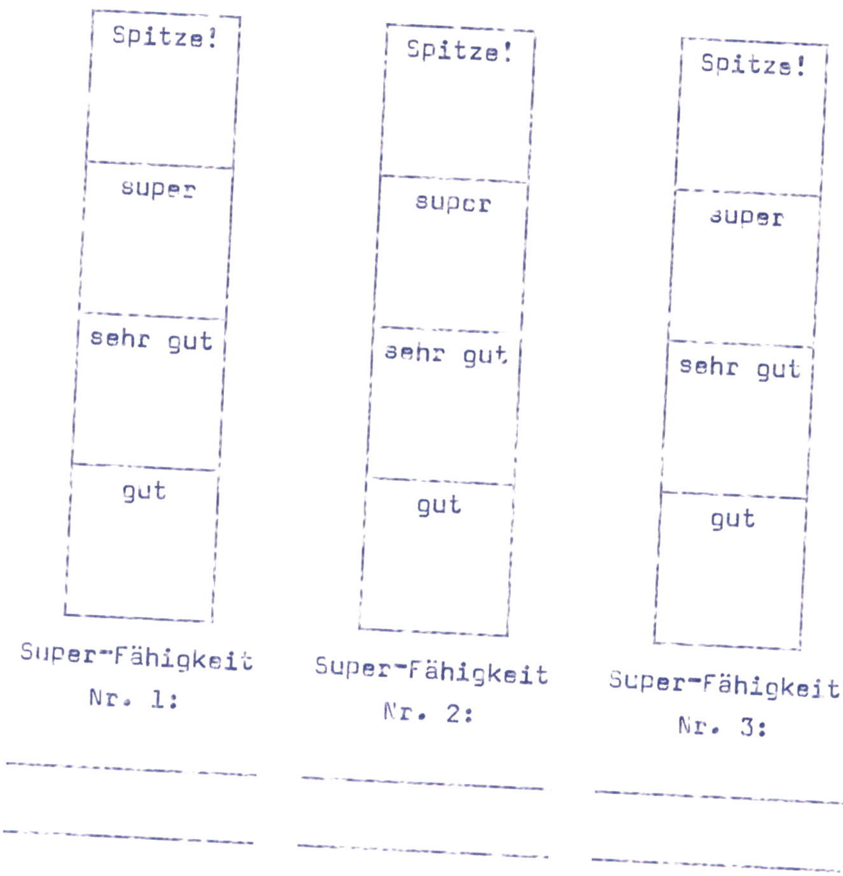

Julias Hitliste:

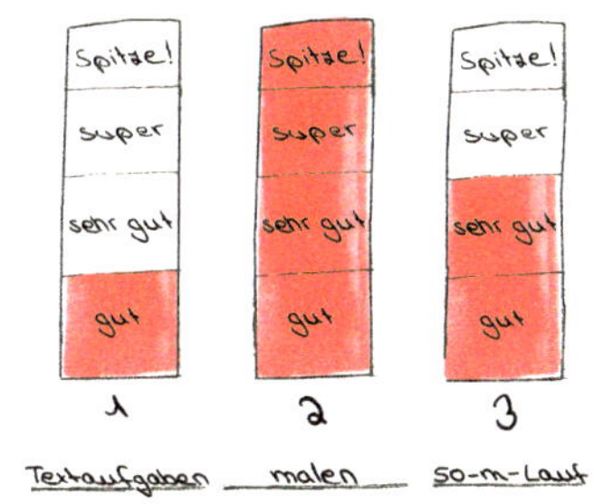

Was du noch tun kannst: Male deine Hitliste auf ein großes Blatt (vom Zeichenblock oder größer) und hänge es in deinem Zimmer auf. Dann wirst du jeden Tag daran erinnert, wie gut du bist.

Ich bin gut – auch in der Schule!

Die Entdeckungsreise zu deinen Super-Fähigkeiten findest du auf den Seiten 22–25.

Hast du schon die Entdeckungsreise gemacht und die Hitliste deiner Fähigkeiten erstellt? Ja? Dann kannst du hier weitermachen. Nein? Dann fängst du besser erst mit der Entdeckungsreise an und kommst danach hierher zurück.

Julia und Max sind zufrieden mit ihren Forschungsergebnissen und ihrer Hitliste.
„Das ist ja wirklich einiges“, sagt Max. „Ich hätte gar nicht gedacht, dass ich so viel kann.“
„Sag ich doch immer. Du bist halt super!“, antwortet ihm Julia und grinst ihn an.
„Werd nicht frech! Aber ganz im Ernst: Wir haben viel über uns herausgefunden – was wir können und worin wir gut sind.“
„Ja“, sagt Julia. Aber dann wird sie so ernst, dass sie richtige Falten auf der Stirn bekommt: „Und was hat das jetzt alles mit der Schule und dem Lernen zu tun? Da bin ich gar nicht so gut.“
„Wieso?“, fragt Max. „Du hast doch schon hingeschrieben: Textaufgaben gut!“
„Stimmt!“, sagt Julia und hat immer noch ein paar Sorgenfalten.
„Und in Deutsch hast du für deine Nacherzählung eine 2^+ bekommen.“
„Stimmt auch. Ich glaube, ich mach mir mal eine Liste. Anscheinend kann ich mehr, als ich immer denke.“

So fängt Julia an:

Was ich gut kann
in der Schule:
Nacherzählungen (2^+)
Textaufgaben
Vokabeln in Englisch

Jetzt hat Julia es eilig. Sie holt ihren Block und fängt an zu schreiben.
„Und ich?“, brummelt Max. „Ich kann überhaupt nichts in der Schule.“
Julia hört einen Moment auf zu schreiben. „Na hör mal! Und was ist mit Bio? Eine 1 hast du im Zeugnis gehabt! Als Einziger der ganzen Klasse!“
„Bio. Na schön, Bio. Aber sonst?“
„Im Erdkundetest hast du eine 2 geschrieben, über das Meer. Und in Deutsch: Von Grammatik hast du jede Menge Ahnung. Am besten schreibst du dir auch mal auf, in was du in der Schule gut bist, sonst vergisst du es noch ganz!“

Also holt sich Max auch etwas zum Schreiben.
Wie ist das bei dir? Weißt du, dass du auch in der Schule etwas kannst? Vielleicht nicht alles, nicht in jedem Fach und auch nicht jeden Tag. Aber irgendetwas kannst du mit Sicherheit.

Professor Schönberg:
Viele denken oft daran, welche Schwierigkeiten sie in der Schule haben und was sie alles noch nicht können. Dabei vergessen sie leicht die andere Seite: dass sie auch eine Menge können und wissen. Sie sollten aber öfter auf diese Seite schauen und sich klar machen, wie viel sie schon können und wie gut sie sind. Denn wer weiß, was er kann, der kann leichter etwas Neues dazulernen. Er fühlt sich sicherer und hat weniger Angst vor Klassenarbeiten oder ganz allgemein vor der Schule.

Also, denke daran:
Du kannst eine Menge und du hast viele Fähigkeiten.
Du bist richtig gut!

Hier ist Platz, um es aufzuschreiben; schreibe alles auf, was du kannst, so wie Max und Julia. Auch Kleinigkeiten sind wichtig! Wenn dir am Anfang nicht so viel einfällt, dann kannst du wieder jemanden fragen: Freundinnen oder Freunde, deine Eltern, vielleicht auch eine Lehrerin oder einen Lehrer. Wenn du willst, kannst du auch etwas dazu malen.

Was ich in der Schule gut kann:

Angst vor Klassenarbeiten?

Wie du dich auf Klassenarbeiten vorbereitest, steht auf den Seiten 77–83.

Max schreibt oft schlechte Noten in Mathematik. Dabei gibt er sich ernsthaft Mühe. Vor jeder Arbeit lernt er stundenlang. Aber abends im Bett ... Lassen wir ihn selbst erzählen:

„Am Abend vor der Mathe-Arbeit gerate ich richtig in Stress. Ständig denke ich an die blöde Arbeit und überlege, welche Aufgaben denn kommen könnten. Dabei kann ich das ja gar nicht wissen. Und dann denke ich, dass ich bestimmt wieder alles falsch mache, obwohl ich so viel gelernt habe. Dann fange ich an, im Kopf Aufgaben zu rechnen, aber das klappt nicht. Na ja, und so geht das dann die halbe Nacht. Am nächsten Morgen bin ich hundemüde, weil ich nicht geschlafen habe, und zum Frühstück bringe ich keinen Bissen runter.
Und so geht das immer weiter. In den Stunden vor der Mathe-Arbeit kriege ich überhaupt nichts mit. Und in der Pause direkt davor fange ich an zu schwitzen, kriege feuchte Hände.
Während der Arbeit fange ich dann jede Aufgabe dreimal an und streiche immer wieder alles durch. Dabei kann ich immer nur denken: Ich kann das nicht, ich bekomme bestimmt wieder eine 5. Und meistens stimmt das dann auch: Zack, wieder eine 5 in Mathe! Ich kann das nun mal nicht!“

Das klingt ja so, als könne Max seine Angst niemals loswerden. Gibt es denn keinen Ausweg aus diesem Teufelskreis?

Professor Schönberg:
Armer Max! Aber an der Mathematik liegt es nicht.
Eher an der riesigen Angst, die Max hat. Wer sehr viel Angst hat vor einer Arbeit oder einer Prüfung, erzielt oft ein schlechtes Ergebnis. Und weil sein Ergebnis so schlecht war, kommt er zu der Überzeugung, dass er nichts kann, und hat beim nächsten Mal noch mehr Angst. Er kann am Abend vorher nicht richtig schlafen, ist sehr aufgeregt vor und während der Arbeit, kann sich nicht auf die Aufgaben konzentrieren und bekommt wieder eine schlechte Note. Dann ist er erst recht davon überzeugt, dass er nichts kann, und beim nächsten Mal geht alles von vorne los. Man nennt das den Teufelskreis der Angst.

„Oh doch! Es gibt viele Auswege! Max hat gute Chancen, seine Angst vor Mathematikarbeiten zu verringern und bessere Noten zu schreiben!"
„Los, Max!", sagt Julia ganz begeistert. „Lass uns Auswege suchen! Hast du eigentlich immer Angst, wenn du zeigen sollst, was du kannst?"
„Quatsch! Natürlich nicht! In Bio habe ich nie Angst, auch nicht bei Tests. Das ist mein Lieblingsfach, da schreibe ich immer gute Noten. Manchmal in Englisch, aber nicht so schlimm. Und im Judo bei Wettkämpfen, da habe ich noch nie Angst gehabt; auch nicht, als ich den gelben Gürtel gemacht habe. Nur eben in Mathe!"

So ist es bei Max. Und wie ist es bei dir? Hast du auch manchmal Angst vor einer Klassenarbeit? Oder vor einer Stunde in einem bestimmten Fach? Oder vor einem bestimmten Lehrer oder einer Lehrerin? Und gibt es auch Fächer, in denen du nie Angst hast oder nur selten? Und wie ist es in deiner Freizeit?

Hier siehst du einige Thermometer. Es sind Angst-Thermometer. Du kannst einzeichnen, wie viel Angst du hast. „10" bedeutet: wahnsinnig viel Angst – mehr Angst kann man gar nicht haben. „0" bedeutet: überhaupt keine Angst.

Und so hat es Max gemacht:

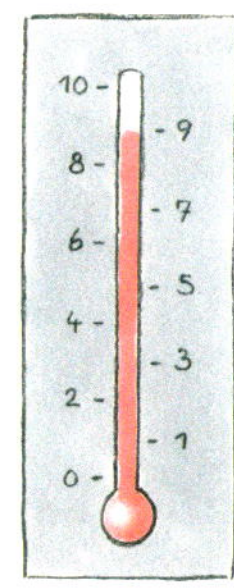

Mathe-arbeit

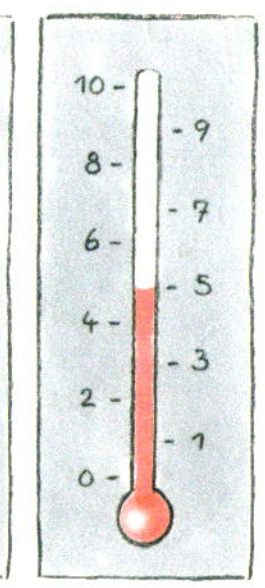

Englisch-stunde

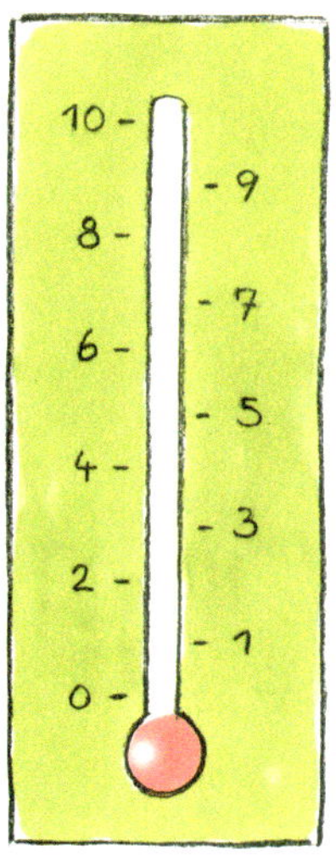

Klassenarbeit in deinem Lieblingsfach

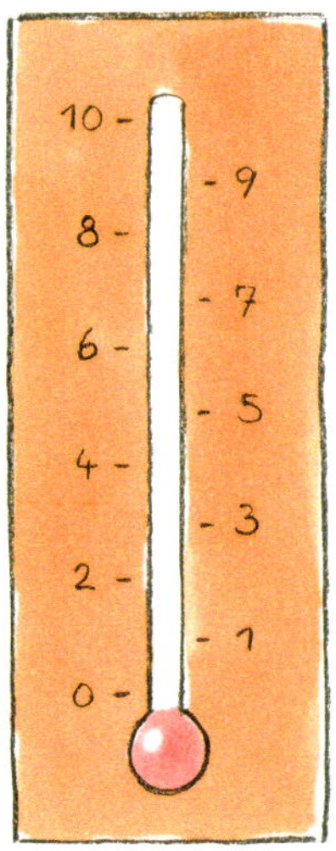

Klassenarbeit im schlimmsten Fach

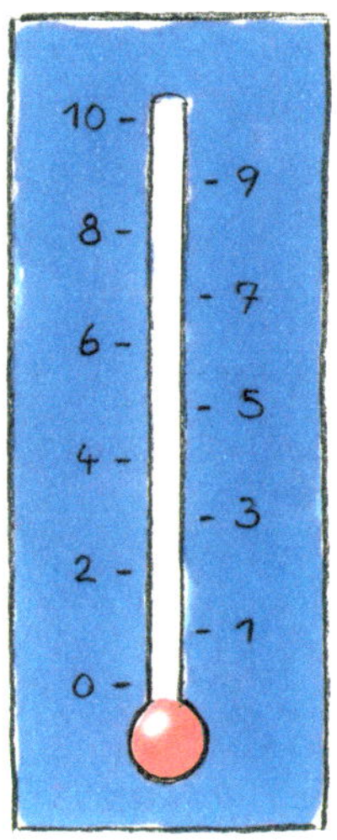

eine Stunde bei deinem Lieblingslehrer

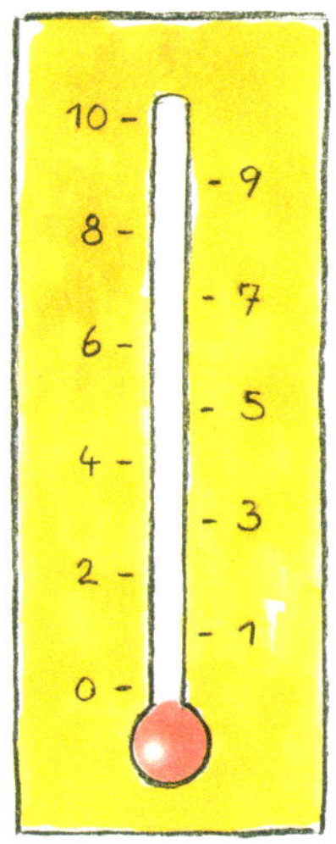

Freizeit (z. B. Sportverein)

Auf der nächsten Seite findest du Auswege aus dem Teufelskreis der Angst.

So sieht der Teufelskreis aus, von dem Professor Schönberg gesprochen hat. Wie du siehst, hat er viele Auswege.

Vielleicht kennst du selbst Auswege aus der Angst: Was tust du, wenn du vor einer Klassenarbeit oder einer Unterrichtsstunde sehr aufgeregt bist? Was kannst du tun, damit deine Angst nicht riesengroß wird? Schreibe deine Auswege unten auf die Seite.

Vielleicht kennst du noch nicht genügend Auswege.
In diesem Buch findest du viele Ideen und Vorschläge, wie du deine Angst verkleinern kannst.
Du kannst nachsehen

- in allen Abschnitten, die etwas mit **Klassenarbeiten** zu tun haben (Seite 77–89)
- in den Abschnitten, die etwas mit **deinen Fähigkeiten** zu tun haben (Seite 22–27)
- in den Abschnitten über **Entspannung** und **Konzentration** (Seite 32–40)
- in den Abschnitten über das **Lernen gemeinsam mit anderen** (Seite 68–74)

Professor Schönberg:
Ich möchte noch einmal darauf hinweisen: Es gibt viele Auswege aus dem Teufelskreis, und jeder kann viele Auswege für sich finden.

Suche in diesen Abschnitten so viele Auswege aus der Angst, wie du nur finden kannst. Immer, wenn du eine neue Möglichkeit entdeckt hast, deine Angst etwas kleiner zu machen, kannst du zu dieser Seite zurückkommen und deinen neuen Ausweg aufschreiben.

Entspanne dich …

Du kannst auch nachsehen im Kapitel über Klassenarbeiten, auf den Seiten 77–89.

Gegen Stress und Angst hilft Entspannung. Man kann sich auf viele Arten entspannen: beim Sport, beim Spielen, beim Lesen oder beim Malen, bei einem Gespräch, …
Auf diesen beiden Seiten findest du Vorschläge für besondere Übungen, die dir helfen können, ruhiger und sicherer zu werden.
Wenn du am Abend vor einer Klassenarbeit sehr angespannt und gestresst bist, dann kannst du eine dieser Entspannungsübungen machen.

Wenn du willst, kannst du diese Übungen alleine machen. Du kannst dir aber auch von deiner Mutter oder deinem Vater einen der Texte vorlesen lassen. Sie sollten dabei sehr langsam und mit vielen Pausen lesen. Am besten legst du dich auf dein Bett oder auf eine Isomatte und schließt die Augen. Und dann machst du die Entspannungsreise durch deinen Körper oder die Ballonfahrt.

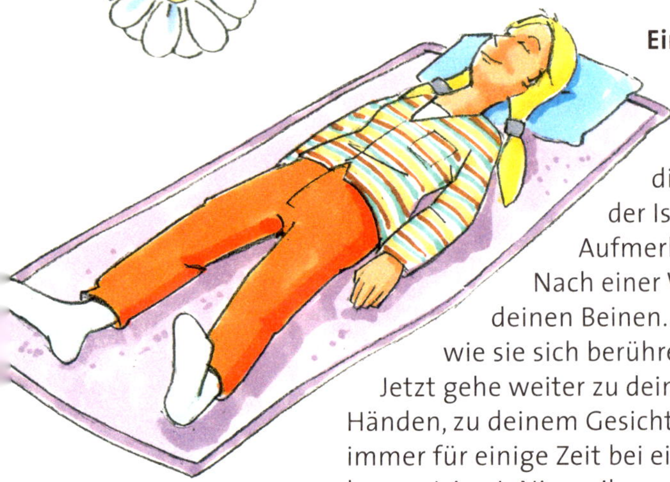

Eine Entspannungsreise durch deinen Körper
Schließe die Augen und atme ein paar mal ganz ruhig und langsam ein und aus. Vier- oder fünfmal, ganz langsam und tief. Dann konzentriere dich auf deine Füße. Vielleicht fühlst du, wie sie auf der Isomatte oder dem Bett liegen. Richte deine ganze Aufmerksamkeit auf deine Füße, spüre sie ganz genau.
Nach einer Weile gehst du mit deiner Aufmerksamkeit zu deinen Beinen. Fühle, wie sie nebeneinander auf dem Bett liegen, wie sie sich berühren. Bleibe eine Zeit lang bei deinen Beinen.
Jetzt gehe weiter zu deinem Bauch. Dann zu deinem Rücken, den Armen, den Händen, zu deinem Gesicht, deiner Stirn. Bleibe mit deiner Aufmerksamkeit immer für einige Zeit bei einem Körperteil, bevor du dich auf den nächsten konzentrierst. Nimm ihn ganz genau wahr, fühle ihn ganz intensiv.
Wenn du auf diese Art durch deinen ganzen Körper gewandert bist, bleibe noch ein paar Minuten ruhig liegen. Dann zähle laut bis fünf, bewege deine Hände, Füße, Arme und Beine, strecke dich ein bisschen und öffne die Augen wieder.

Eine Ballonfahrt

Stell dir vor, du liegst auf einer Wiese. Es ist warm, die Sonne scheint, der Himmel über dir ist blau. Um dich herum wachsen ein paar Blumen und Sträucher, vielleicht auch ein Baum. Du schaust in den Himmel und fühlst dich wohl. Auf deinem Körper spürst du die Sonne, spürst, wie sie dich wärmt. Da siehst du am Himmel einen großen bunten Ballon, mit einem Korb für Passagiere. Der Ballon kommt langsam näher und landet neben dir auf der Wiese. Wenn du Lust hast, dann steige in den Korb.
Langsam, ganz langsam steigt der Ballon mit dir in die Höhe. Nur so hoch, wie es dir gefällt. Vielleicht ein paar Meter, vielleicht hoch über die Wiese und den Baum. Vielleicht aber auch nur ein paar Zentimeter, gerade so, wie du es gut findest. Und du spürst, wie der Ballon dich trägt und hält. Du wirst ganz leicht, und der große Ballon hält dich ganz sicher. Du fühlst dich wohl und sicher und geborgen, und du weißt: Alles wird gut werden. Ich kann alles schaffen, was ich will. Alles wird gut.
Spüre noch ein paar Minuten dieses Gefühl, wie leicht du bist, wie der Ballon dich trägt und hält. Und dann kommst du allmählich wieder herunter auf deine Wiese und steigst aus dem Korb. Der Ballon steigt langsam wieder in den Himmel. Schau ihm noch eine Weile nach.

Dann zähle laut bis fünf, bewege deine Hände, Füße, Arme und Beine, strecke dich ein bisschen und öffne die Augen wieder.

Wenn du andere Übungen kennen lernen willst, schaue in Buchhandlungen nach.
Dort findest du viele Bücher mit Entspannungsübungen für Kinder. Volkshochschulen und andere Einrichtungen bieten oft Entspannungskurse für Kinder und Jugendliche an.

Professor Schönberg:
Wer sich entspannt, hat weniger Angst. Er wird ruhiger und sicherer. Er kann auch besser schlafen und ist am nächsten Tag fit und leistungsfähig.

Training: Konzentration

Vielleicht kennst du das: Du willst (oder sollst) etwas tun (etwa Vokabeln lernen), aber gleichzeitig bist du mit deinen Gedanken bei vielen anderen Dingen. Du spürst plötzlich, dass du wahnsinnigen Durst hast, und musst dir erst einmal in der Küche etwas zu trinken holen. Und dann fällt dir ein, dass du noch jemanden anrufen wolltest. Schon bist du am Telefon. Und so geht es immer weiter; und eigentlich hattest du ja die feste Absicht, die Vokabeln zu lernen.

„Oh ja“, sagt Max, „das kenne ich auch. Aber was soll ich denn dagegen tun? Während ich meine Matheaufgaben mache, höre ich hundert Geräusche von draußen: Autos, den Rasenmäher von unseren Nachbarn, einen Vogel ... Und ich rieche, dass meine Mutter gerade einen Kuchen backt. Und dann fällt mir ein, dass Julia gleich kommen will und ich ihr noch meine neue CD zeigen wollte. Und dann fällt mir noch ein, dass wir übermorgen eine Englischarbeit schreiben und ich die Vokabeln noch nicht richtig kann. Wie soll ich da an nichts anderes als die Matheaufgaben denken?“

Klar, Max hat ganz Recht: Ständig nehmen wir mit unseren Sinnen alles Mögliche wahr. Wir hören, sehen, riechen, schmecken und fühlen ununterbrochen irgendetwas. Und unsere Gedanken stehen auch nicht still: Immer müssen wir an irgendetwas denken. Wie soll Max es da schaffen, sich auf die Mathematikaufgaben zu konzentrieren?

Weißt du, was konzentrische Kreise sind? „Konzentrisch“ bedeutet: Diese Kreise haben alle denselben Mittelpunkt. Wie bei einer Zielscheibe – da will man möglichst immer in den Mittelpunkt der Kreise treffen, ins Zentrum. Genau darum geht es bei der Konzentration, die Aufmerksamkeit auf die Mitte zu richten, auf das Wesentliche, auf das, worum es gerade geht.

Sich nicht ablenken lassen von dem, was darum herum ist. Nur das tun, was man gerade tut. Nur daran denken, nur darauf achten.

„Und wie schafft man das?“, will Julia wissen.

Nun, man kann lernen, sich zu konzentrieren. Man kann es richtig trainieren. Auf den folgenden Seiten findest du fünf Vorschläge dazu.

1. Vorschlag: Genau hinsehen!
Dieses Konzentrationsspiel kannst du mit anderen zusammen spielen. Ein Mitspieler legt auf einen Tisch 15–20 Gegenstände: vielleicht einen Löffel, einen Kuli, zwei oder drei Münzen, eine CD, ... – irgendetwas, was gerade greifbar ist. Die anderen Mitspieler schauen sich die Gegenstände eine Minute lang an. Nicht sprechen, nur schauen! Dann werden sie alle mit einem Tuch zugedeckt, sodass man sie nicht mehr sehen kann. Jetzt schreibt jeder alle Gegenstände, an die er sich erinnern kann, auf einen Zettel. Wie viele Gegenstände konnte jeder aufschreiben? Wenn ihr das Spiel öfter spielt, werdet ihr mit der Zeit immer besser werden. Wenn es zu leicht wird, könnt ihr mehr Gegenstände nehmen.
Es gibt viele ähnliche Spiele, bei denen man sich etwas genau ansehen und einprägen muss. Du kannst solche Spiele gut als Konzentrationsübungen nutzen.

2. Vorschlag: Du wirst Artist!
Kannst du jonglieren? Mit Bällen, Tüchern, Keulen? Oder kannst du Einrad fahren? Mit einem Diabolo spielen?
Das kommt dir schwierig vor? So schwierig ist es nicht. Man kann es in Sportvereinen lernen oder in Kursen für Kinder in der Volkshochschule. Man kann es aber auch einfach von Freunden lernen. In manchen Orten gibt es einen Kinderzirkus, in dem man jonglieren oder Einrad fahren lernen kann. Solche artistischen Sportarten sind gute Möglichkeiten, die Konzentration ganz intensiv zu trainieren.

Professor Schönberg:
Um Konzentration zu lernen und zu trainieren, braucht man ein wenig Geduld und Ausdauer. Man bemerkt nicht gleich nach ein paar Tagen einen Erfolg, wenn man aber über längere Zeit immer wieder übt, kann man seine Konzentrationsfähigkeit sehr deutlich verbessern.

3. Vorschlag: Die Außenwelt „abschalten“
(erst ganz lesen, dann machen!)

Für diese Übung solltest du für einige Minuten allein und ungestört im Zimmer sein. Du kannst ja einen Zettel an die Tür hängen: „Bitte nicht stören!“

Professor Schönberg: *Es ist besser, die Konzentrationsfähigkeit jeden Tag zehn Minuten lang zu trainieren als einmal in der Woche eine ganze Stunde.*

Achtung! Bei dieser Übung solltest du deine Augen schließen!

1. Schritt: Setze dich auf einen Stuhl und schließe deine Augen. Achte einige Minuten lang genau auf alles, was du gerade hören kannst: ein Auto, einen Bus, Vögel, die Stimmen der Nachbarn, Musik aus dem Fernseher im Nebenzimmer, wieder ein Auto, Klappern in der Küche, ... – alles, was du hörst. Nimm es ganz genau wahr, drei oder vier Minuten lang. (Du wirst merken: Das ist ziemlich lang.)

2. Schritt: Jetzt gehe mit deiner Aufmerksamkeit von diesen Geräuschen und Tönen weg. Lass sie ganz allmählich aus dem „Mittelpunkt“ verschwinden und richte deine Aufmerksamkeit auf dich: Achte ganz genau darauf, wie du auf deinem Stuhl sitzt.

- Achte darauf, wie deine Füße auf dem Fußboden stehen; kannst du durch die Schuhe und Socken hindurch den Boden fühlen?
- Wenn du es genau spürst, dann achte auf deine Beine und deinen Po: Spürst du die Sitzfläche des Stuhls? Ist sie hart oder weich?
- Nach einiger Zeit gehst du weiter zu deinem Rücken: Spüre, wie er an der Rückenlehne lehnt. Ist er gerade oder krumm? Sitzt du aufrecht oder ist dein Rücken rund?
- Wieder etwas später gehst du weiter: Du spürst deine Schultern und deine Arme. Hängen sie nach unten? Wo liegen oder hängen deine Hände? Was spüren sie? Sind deine Finger ausgestreckt?
- Zuletzt gehst du zu deinem Kopf: Hängt er herunter oder trägst du ihn hoch auf den Schultern? Du kannst die Stellung deines Kopfs auch ein wenig ändern. Wie fühlt es sich jetzt an?

3. Schritt: Jetzt gehst du mit deiner Aufmerksamkeit wieder weg von dir. Konzentriere dich wieder auf die Geräusche von draußen. Wenn du sie alle wieder gut hörst, kannst du deine Augen wieder öffnen.
Wie ist es dir gelungen, die Geräusche von außen „abzuschalten“, während du dich auf deinen Körper konzentriert hast? Je öfter du diese Übung machst, desto besser wird es dir gelingen.

Auf der nächsten Seite kannst du deine Trainingserfolge ankreuzen.

Meine Trainingsergebnisse

	Datum: ____	Datum: ____	Datum: ____	Datum: ____	Datum: ____	Datum: ____
Ich konnte mich überhaupt nicht auf meinen Körper konzentrieren.	○	○	○	○	○	○
Ich konnte mich meistens ganz gut auf meinen Körper konzentrieren.	○	○	○	○	○	○
Ich konnte mich sehr gut auf meinen Körper konzentrieren.	○	○	○	○	○	○
Ich konnte mich besser auf meinen Körper konzentrieren als letztes Mal.	○	○	○	○	○	○
Die Geräusche von draußen waren nicht weg, aber schwächer.	○	○	○	○	○	○
Die Geräusche von draußen waren manchmal weg, manchmal wieder da.	○	○	○	○	○	○
Ich habe die Geräusche von draußen überhaupt nicht mehr gehört.	○	○	○	○	○	○
Ich konnte die Geräusche von draußen besser „abschalten“ als letztes Mal.	○	○	○	○	○	○

„Was hat denn das jetzt mit dem Vokabellernen zu tun?“, will Julia wissen. „Oder überhaupt mit dem Lernen und den Hausaufgaben?“

Ganz einfach: Wenn du wieder vor deinen Aufgaben sitzt und dich nicht gut konzentrieren kannst, dann tu das, was du in dieser Übung getan hast:
1. Schritt: Konzentriere dich zuerst auf alles, was dich ablenkt. Achte auf alles, was dich stört: die Geräusche von der Straße, die Stimmen aus dem Haus, ... Nimm sie ganz genau war.
2. Schritt: Gehe langsam von diesen Wahrnehmungen weg und konzentriere dich auf deinen Körper, so wie du es in der Übung trainiert hast.
3. Schritt: Gehe noch einen Schritt weiter: Gehe mit deiner Aufmerksamkeit weg von deinem Körper und hin zu deinen Aufgaben. Stelle dir vor, was du jetzt tun willst: zum Beispiel Vokabeln lernen. Stelle dir das Buch mit den Vokabeln vor (oder mit anderen Aufgaben) oder das Heft. Und wenn du es genau vor dir siehst, dann öffne deine Augen und fange an!

Und tu nur das, was du jetzt gerade tust!

4. Vorschlag: Ein Fantasietier malen (erst lesen, dann machen!)

1. Schritt: Schließe wieder deine Augen und stelle dir ein Tier vor. Aber kein normales Tier, sondern ein lustiges Fantasietier. Vielleicht mit bunten Federn und sieben Beinen. Oder ein Tier, das Tennisbälle frisst. Oder was dir eben einfällt. Stell dir das Tier ganz genau vor:

Achtung! Bei dieser Übung solltest du deine Augen schließen!

- Wie groß ist es?
- Hat es Beine? Füße? Flossen? Krallen? Hände? Wie viele? Wie sehen sie aus?
- Hat es Flügel? Wie viele? Wie sehen sie aus?
- Hat es Federn? Ein Fell? Haut?
- Was für einen Körper hat es? Wie sieht sein Kopf aus? Hat es ein Maul? Einen Schnabel? Einen Mund wie ein Mensch?
- Wie bewegt es sich? Rennt es? Schwimmt es? Klettert es? Kriecht es? Fliegt es? Hüpft es? Geht es im Kreis? Oder im Zickzack? Wackelt es?
- Was frisst es? Wie sieht es aus, wenn es frisst?
- Wie schläft es?
- Lebt es allein? Zu zweit? In einer ganzen Herde?
- Wohnt es in einer Höhle? Auf einem Baum? In der Wüste?

Stelle dir vor, du siehst das Tier auf einer Kinoleinwand oder auf dem Fernseher. Schaue es dir ganz genau an. Nimm dir viel Zeit dafür!

2. Schritt: Dann öffne deine Augen wieder und male das Tier auf die nächste Seite. Male es möglichst genau so, wie du es gesehen hast. Wenn du willst, kannst du auch etwas über dein Tier schreiben.

Hast du dein Tier gut vor dir gesehen? Hast du dir alle Einzelheiten einprägen können? Wenn du beim Malen oder Schreiben nicht mehr alles weißt, kannst du wieder deine Augen schließen und dir das Tier noch einmal genau ansehen.

Professor Schönberg:
Das wichtigste Prinzip der Konzentration heißt: Tu das, was du tust, nichts anderes! Konzentriere dich nur auf eine Sache!

Je öfter du diese Übung machst, desto besser wird es dir gelingen, viele Einzelheiten zu sehen und dir einzuprägen. Natürlich musst du dir nicht immer ein Tier vorstellen. Du kannst dir auch Fantasiepflanzen ausdenken. Oder Fantasiehelden. Oder Schlösser, Paläste, Landschaften, fremde Planeten – was du willst. Du kannst auch aus dieser Fantasie-Übung eine Wirklichkeits-Übung machen: Schaue dir ein echtes Tier genau an. Oder eine Pflanze oder ein Haus oder ein Schaufenster, … Präge dir so viele Einzelheiten ein, wie du kannst. Und male, was du gesehen hast, mit allen Einzelheiten, so genau wie möglich; oder schreibe darüber.

5. Vorschlag: Einzelheiten auf dem Weg
Diese Übung kannst du zusammen mit anderen oder allein machen.
Es geht ganz einfach: Ihr bestimmt eine Wegstrecke, zum Beispiel von eurem Klassenraum zur Bushaltestelle. Oder von dem Haus, in dem du wohnst, zu dem Haus, in dem deine Freundin oder dein Freund wohnt. Oder eine bestimmte Strecke in der Fußgängerzone. Je kürzer, desto besser.
Ihr habt zwei Minuten Zeit, euch die Strecke ganz genau vorzustellen, mit allen Einzelheiten: die Tür des Klassenraums, der Flur, der Fußboden im Flur, Bilder oder Poster an den Wänden, alles so genau wie möglich, mit vielen Einzelheiten. (Deswegen soll die Stecke auch nicht zu lang sein, sonst übersieht man viele Einzelheiten.)
Nach zwei Minuten schreibt jeder so viele Einzelheiten der Wegstrecke auf, wie er kann, und zwar in der richtigen Reihenfolge, nicht durcheinander! Jeder hat fünf Minuten Zeit zum Schreiben.

Auch aus dieser Fantasie-Übung kann man eine Wirklichkeits-Übung machen: Geht den Weg wirklich entlang, nicht nur in der Fantasie.
Dabei schaut ihr euch gründlich um und versucht euch möglichst viele Einzelheiten einzuprägen.

Dann schreibt ihr wieder auf, an was ihr euch erinnern könnt.

Professor Schönberg:
Sich konzentrieren heißt: seine Aufmerksamkeit auf die Mitte zu richten, auf das Wichtigste, so wie man mit einem Pfeil auf die Mitte der Zielscheibe zielt.

4

Hausaufgaben clever und mit Spaß

Unglaublich – Hausaufgaben machen Spaß?

Hausaufgaben sollen Spaß machen? Wer sagt denn so etwas? Manchmal vielleicht, für manche Fächer, für manche Lehrer, klar. Aber sonst?

Julia sieht das jedenfalls nicht so.
„Wenn ich könnte, würde ich die Hausaufgaben abschaffen!", schimpft sie und sieht böse aus. Jeden Tag, immer wieder Hausaufgaben, langweilig ist das!"

Auch Max ist nicht begeistert.
„Manchmal sind sie zu schwer, manchmal zu leicht, und meistens sind es viel zu viele."
„Aber letzte Woche, den Steckbrief von dem Igel für Bio, den hast du gern gemacht. Zwei Stunden hast du daran gearbeitet, ohne Pause." Julia grinst Max an, als wollte sie sagen: „Erwischt!"
„Und du?", grinst Max zurück. „Wie war das denn mit den Geschichten von Aladin und der Wunderlampe, die wir in Deutsch neu erfunden haben? Du hast doch freiwillig eine Woche lang jeden Tag eine neue Geschichte geschrieben."
„Na klar", antwortet Julia und grinst überhaupt nicht mehr. „Das macht ja auch Spaß!"

Moment mal: Zuerst haben die beiden sich lauthals über die Hausaufgaben beschwert. Und jetzt redet Julia von „Spaß" bei den Hausaufgaben? Und Max hat freiwillig zwei Stunden Hausaufgaben nur für Biologie gemacht? Hören wir den beiden noch etwas zu.
Die Landkarte für Erdkunde zu zeichnen fanden beide gut. Und Julia macht ganz gerne die Aufgaben aus dem Englischbuch.
„Weil ich die immer richtig habe. Und sie sind ganz schnell gemacht."

Und Max hat gestern sogar die Mathematikaufgaben gern gemacht.
„Na klar," sagt er. „Weil ich die endlich mal kapiert habe. War gar nicht so schlimm."

Aber gerade wolltet ihr doch die Hausaufgaben abschaffen, weil ihr sie so doof und langweilig findet. He, Julia und Max, wer soll denn das verstehen?
Julia lacht: „Jawohl, wir schaffen die Hausaufgaben ab!"
„Genau", sagt Max, „und dann machen wir sie jeden Tag freiwillig!"

Max und Julia wird es wohl kaum gelingen, die Hausaufgaben abzuschaffen.

Was meinst du: Findest du es auch ärgerlich, dass du nachmittags noch Schularbeiten machen musst? (Klar, manchmal sind sie fürchterlich.) Und macht es dir trotzdem auch manchmal Spaß? Hier sagen Julia und Max noch mehr darüber, warum sie ihre Hausaufgaben manchmal ganz gerne machen.

Vielleicht findest du einige ihrer Aussagen richtig. Dann kannst du jeweils das farbig gedruckte Stichwort in eine der Sprechblasen schreiben. Natürlich kannst du dir auch andere Gründe überlegen, warum dir deine Hausaufgaben manchmal Spaß machen. Dann schreibe dein Stichwort in eine Sprechblase. Und natürlich kannst du noch mehr Sprechblasen dazuzeichnen. Zwischen den Sprechblasen ist Platz. Da kannst du dich malen. Von Kopf bis Fuß oder nur dein Gesicht, wie du Lust hast.

„Sich etwas *Neues ausdenken* finde ich toll, zum Beispiel Geschichten erfinden.“

„Meine Lehrerin (mein Lehrer) findet es gut.“

„Ich finde es gut, *etwas Neues zu lernen.“*

„Hausaufgaben helfen mir,
etwas richtig zu verstehen.“

„Es macht Spaß zu merken:
Ich kann etwas.“

„Meine Eltern loben mich
manchmal dafür.“

„Es ist ein *gutes Gefühl,*
wenn ich alles geschafft habe.“

„... wenn es um ein *interessantes Thema* geht.“

„... wenn ich *alles allein* packe.“
„... wenn mir *meine Eltern helfen.“*
„... eine *gute Note* am nächsten Tag.“

„... weil sie manchmal so *schön schnell* gemacht sind.“

Wie soll ich nur anfangen?

Max will Hausaufgaben machen. Das heißt: So richtig will er nicht.
„Es ist furchtbar", sagt er. „Ich weiß nie, wie ich anfangen soll. Dann sitze ich da und überlege und überlege, was ich zuerst mache, und schon habe ich gar keine Lust mehr anzufangen."
„Ich fange mit den Englischvokabeln an", sagt Julia. „Das sind nicht viele, die habe ich schnell gelernt."
„Vokabeln lernen finde ich ätzend", antwortet Max. „Wenn ich das am Anfang mache, wird meine Laune immer schlechter."
„Dann mach doch zuerst die Zeichnung für Bio", schlägt Julia vor. „Die ist einfach."
„Aber das ist ja das Problem!" Max wird ganz brummig. „Viel zu einfach. Da muss ich beim Malen immer daran denken, dass hinterher noch die Matheaufgaben kommen. Und die sind echt schwer!"

Kennst du das auch? „Wie soll ich nur anfangen?"
Manche Schüler fangen gern mit den leichtesten Aufgaben an und gehen dann zu schwierigeren über. Andere fangen mit den schwierigen Aufgaben an, damit sie die schnell hinter sich haben. Manche fangen mit ihrem Lieblingsfach an, manche mit den schriftlichen Aufgaben, andere lieber mit Zeichnungen oder – wie Julia – mit dem Vokabellernen.
Aber wie ist es richtig? Fragen wir unseren Professor!

Professor Schönberg:
Es gibt keine Reihenfolge, die für alle Menschen richtig ist. Was für den einen gut ist, kann für andere falsch sein. Jeder muss für sich ausprobieren, in welcher Reihenfolge er seine Aufgaben am besten macht. Wenn er darauf achtet, wird er mit der Zeit herausfinden, wie es für ihn am besten ist: ob er zufrieden ist beim Lernen oder ob er sich langweilt, ob er schnell vorankommt oder sehr lange braucht, ob er das, was er gelernt hat, am nächsten Tag und auch noch in der nächsten Woche gut kann oder nicht.

Max will es probieren:
„Zuerst mache ich die Matheaufgaben, weil ich die am schwersten finde. Dann bin ich sie am schnellsten los. Dann die Nacherzählung für Deutsch. Die ist auch nicht so einfach, aber leichter als Mathe. Danach kommt die Bio-Zeichnung, die macht Spaß. Die blöden Englischvokabeln mache ich ganz am Ende."

Wie würdest du es machen, wenn du die Aufgaben von Max aufhättest? Trage es hier ein:

1. ....

2. ....

3. ....

4. ....

Und jetzt schreibe auf, in welcher Reihenfolge du deine Hausaufgaben heute machen willst. (Du hast sie schon gemacht? Umso besser! Dann schreibe einfach auf, wie du sie gemacht hast.)

1. ....

2. ....

3. ....

4. ....

5. ....

Und warum hast du es so gemacht?

Ich habe diese Reihenfolge gewählt, weil ....

....

Wenn du deine Hausaufgaben gemacht hast, kannst du hier ankreuzen, wie du deine Reihenfolge findest:

- ○ Ich finde diese Reihenfolge gut.
- ○ Ich bin nicht ganz zufrieden mit dieser Reihenfolge. Vielleicht kann ich sie verändern.
- ○ Diese Reihenfolge war überhaupt nicht gut. Ich glaube, ich sollte es morgen anders machen.

Du willst es noch länger probieren? Dann schreibe einige Tage lang deine Reihenfolge bei den Hausaufgaben auf und überlege jedes Mal, ob du damit zufrieden bist.

Wo ist denn schon wieder das Lineal?

„He, Julia, wo hast du ein Lineal?“

Max ist genervt. Seit einer Stunde macht er mit Julia Hausaufgaben, bei Julia zu Hause. Und immer wieder müssen sie ihre Arbeit unterbrechen, weil Julia irgendetwas suchen muss: einen Radiergummi, einen Spitzer, Klebstoff. Nie weiß sie, wo ihre Sachen liegen. Sie findet sie immer, aber es dauert jedes Mal ein paar Minuten. Und das nervt Max.

„Was kann ich denn dafür, wenn die Sachen immer irgendwo im Zimmer liegen?“, verteidigt sich Julia. „Ist ja schon gut.“ Max will sich nicht mit ihr streiten. „Aber einfacher wäre es schon, wenn du auf deinem Tisch die Sachen hättest, die du zum Lernen brauchst, und nicht nur deine CDs und ein paar Comics!“

Klar, jeder weiß das: Am Arbeitsplatz sollte man sein Werkzeug haben, damit man konzentriert arbeiten kann. Und da, wo du deine Hausaufgaben machst, sollten deine „Werkzeuge“ zu finden sein. Alles, was du zum Lernen brauchst.

Hier kannst du ankreuzen, was nach deiner Meinung immer an deinem Arbeitsplatz sein sollte. Was überflüssig ist, kannst du ausstreichen. Auf der nächsten Seite geht es dann weiter.

- ○ **Adressbuch**
- ○ **Atlas**
- ○ **Bleistift**
- ○ **Buntstifte (Holz)**
- ○ **Comics**
- ○ **Computer**
- ○ **Duden**
- ○ **Fernseher**
- ○ **Filzstifte**
- ○ **Fotoapparat**
- ○ **Füller**
- ○ **Geodreieck**
- ○ **Limoflasche**
- ○ **Globus**
- ○ **Goldfische**
- ○ **Helm**
- ○ **Kaktus**
- ○ **Kalender**
- ○ **Klebestift**
- ○ **Kopfhörer**
- ○ **Kuli**
- ○ **Kuscheltier**
- ○ **Lampe**
- ○ **Lexikon**
- ○ **Lineal**
- ○ **Locher**
- ○ **Marker**
- ○ **Musik-CDs**
- ○ **Papiertaschentücher**
- ○ **Playstation**
- ○ **Radiergummi**
- ○ **Schraubenzieher**
- ○ **Schulbücher**
- ○ **Sonnenbrille**
- ○ **Spitzer**
- ○ **Stundenplan**
- ○ **Taschenlampe**
- ○ **Tasse**
- ○ **Telefon**
- ○ **Tesafilm**
- ○ **Turnschuhe**
- ○ **MP3-Player**
- ○ **Zirkel**

Und hier kannst du die Gegenstände malen, die deiner Meinung nach an deinem Arbeitsplatz sein sollten. Gib ihnen einen Platz auf dem Tisch, in der Schublade oder im Regal. Vielleicht willst du noch andere Plätze einzeichnen (Schrank, Fensterbank, ...), so, wie es zu deinem Arbeitsplatz passt.

Willst du jetzt etwas ändern an deinem wirklichen Arbeitsplatz? Tu es, am besten gleich!

Stille Helfer – Wörterbücher und Lexika

„Wie schreibt man eigentlich Mara__onlauf?", will Max wissen.
„Nur mit t? Mit t und mit h?"
„Ich glaube, mit t und mit h", antwortet Julia.
„Und kommt das h vor dem t oder nach dem t? Oder nach dem o?"
„Weiß ich nicht. Weißt du eigentlich, woher der Lauf seinen Namen hat?"
„Da war irgendwas mit den alten Griechen, aber genau weiß ichs auch nicht."

Max schaut ein bisschen ratlos.

Weißt du es? Wenn nicht, sieh in einem Lexikon nach!

Weißt du es? Wenn du dich auf diesen Seiten ein wenig umschaust, findest du leicht die Antworten auf die Fragen von Julia und Max.

Klar: Wie ein Wort geschrieben wird, steht im **Rechtschreibwörterbuch**, zum Beispiel im „Rechtschreibduden". Dort erfährst du, wie ein Wort geschrieben wird und wie man es trennt. Außerdem findest du in diesen Büchern Rechtschreibregeln, zum Beispiel für die Groß- und Kleinschreibung, für die Zusammen- und Getrenntschreibung und für die Zeichensetzung. Da kann Max jetzt gleich nachsehen, wie der 42-km-Lauf geschrieben wird.

Woher der Mara__onlauf seinen Namen hat, kann Julia in einem **Lexikon** nachschlagen. In Lexika (das ist die Mehrzahl von Lexikon) findest du kurze Informationen über fast alles, was du wissen willst: Wie lang der Amazonas ist, wann die letzte Eiszeit war, wer Gandhi war, wo auf der Erde Pyramiden stehen oder was amnesty international ist. Es gibt Lexika, die aus mehreren Bänden (also aus mehreren Büchern) bestehen, es gibt aber auch einbändige. Da Lexika für Erwachsene oft ein bisschen kompliziert und trocken geschrieben sind, gibt es spezielle Lexika für Kinder. Dort können Max und Julia erfahren, woher unser Lauf seinen Namen hat, seit wann es ihn gibt und wie lang er ganz genau ist.

In einem **Englischwörterbuch** könnten die beiden schließlich noch nachsehen, wie der Lauf auf Englisch heißt.

Ein **Rechtschreibwörterbuch,** ein **Lexikon** und ein **Fremdsprachenwörterbuch** sind wichtige Helfer bei den Hausaufgaben und bei der Vorbereitung von Klassenarbeiten. Du solltest sie an deinem Arbeitsplatz haben.

Die abgebildeten Seiten stammen aus dem „Duden Schülerlexikon“, „Duden – Die deutsche Rechtschreibung“ und „Schülerduden Wörterbuch Englisch“.

Wenn du von einem Fachgebiet mehr wissen willst, kannst du dich in **Sachbüchern** zu bestimmten Themen ausführlich informieren. Es gibt Sachbücher für Kinder und Jugendliche über Tiere, über Pflanzen, über Sport, über Film und Theater, über Fahrzeuge und Flugzeuge, über das antike Rom und über das Mittelalter, über das Weltall und die Planeten – kurz, es gibt Sachbücher über so ziemlich alles. Wenn du Lust hast, kannst du dich in einer Buchhandlung oder einer Bibliothek umsehen; du wirst mit Sicherheit Bücher über die Themen finden, die dich interessieren.

Vielleicht möchtest du auch für ein Schulfach etwas mehr trainieren, weil du in diesem Fach immer wieder Schwierigkeiten hast oder einiges nachholen musst.

Dafür gibt es viele **Übungsbücher,** vor allem für Deutsch, Mathematik und Englisch.

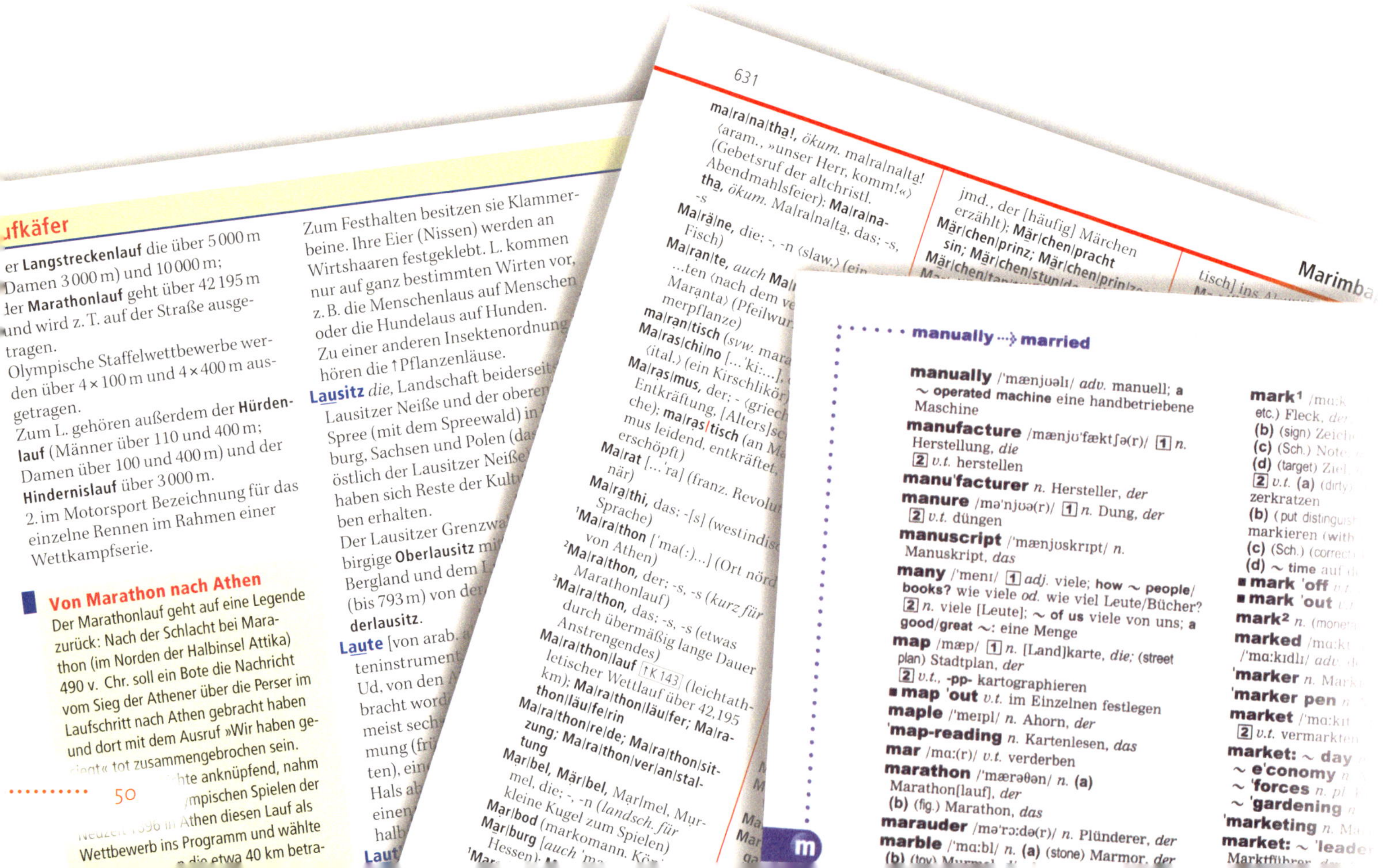

Keine Zeit für Hausaufgaben!?

Manchmal ist der Tag einfach zu kurz. Nach dem Mittagessen probierst du das neue Computerspiel aus. Dann hast du Training. Später gehst du noch mit deiner Mutter kurz etwas einkaufen. Wenn du wieder zuhause bist, telefonierst du ein wenig, triffst dich mit der ganzen Familie zum Abendessen, schaust dir noch schnell einen Film im Fernsehen an, und schon ist der Tag zu Ende. Da plötzlich fällt dir ein, dass du ja noch Hausaufgaben machen musst. Und dann? *„Ich habe da so meine Notlösungen", erzählt Max. „Spätabends schnell noch ein bisschen machen. Oder morgens, statt Frühstück. Aber dann habe ich einen Riesenhunger in der ersten Stunde. Und außerdem ist das eine Hektik: Alles muss ganz schnell gehen, und meistens kommt nichts Gescheites dabei heraus: Ein Teil fehlt, einiges ist nicht richtig. Zum Glück passiert das nicht oft."*

Na gut, dann ist es ja halb so schlimm, wenn es Max nur gelegentlich passiert. Manchen geht es aber ständig so: Sie haben einfach keine Zeit für ihre Hausaufgaben. Als würde ihnen jemand die Zeit stehlen! Es gibt viele Zeitdiebe: Fernseher und Video können schlimme Zeitdiebe sein, wenn du dir eine Sendung und einen Film nach dem anderen anschaust (und ganz vergisst, wo der Knopf zum Abschalten ist). Oder der Computer, wenn du stundenlang davor sitzt und gar nicht mehr aufhören kannst. Bei manchen ist das Telefon ein Zeitdieb. Andere lassen sich die Zeit von Freunden klauen.

Gegen Zeitdiebstahl gibt es einen guten Schutz:
Wenn du einfach keine Zeit hast für deine Hausaufgaben, dann solltest du einmal beobachten, was du mit deiner Zeit tust:

- ob du von irgendetwas, was du eigentlich ganz gut findest, einfach zu viel machst: zu viel Sport, zu lange vor dem Computer sitzen, ...
- oder ob du Zeit verschwendest für Dinge, die dir eigentlich gar nicht so wichtig sind,
- ob du vielleicht viel Zeit mit anderen Dingen verbringst, damit du deine Hausaufgaben „wegschieben" kannst, weil sie dir zu schwer sind oder zu langweilig oder viel zu viel ...

Hier kannst du eine Woche lang beobachten, was du mit deiner Zeit machst.

- Du schreibst einfach bei jedem Tag auf, wie viele Minuten (oder Stunden) du bestimmte Dinge getan hast: Training, mit Freunden spielen …
- Daneben trägst du deine Beurteilung ein; dazu kannst du diese Zeichen benutzen:
  ✔ Das war in Ordnung; die Zeit hat sich gelohnt.
  ? Das war nicht schlecht, aber ich hätte es auch kürzer machen können.
  ✗ Das war nicht so toll, die Zeit hätte ich mir sparen können.
- Ganz rechts trägst du ein, wie viel Zeit du in der ganzen Woche für etwas gebraucht hast (also: Montag + Dienstag + …)

	Montag		Dienstag		Mittwoch		Donnerstag		Freitag		Gesamtzeit	
	Zeit	Es war:	Zeit	Es war:	Zeit	Es war:	Zeit	Es war:	Zeit	Es war:	Zeit	Es war:
Fernsehen/Video												
Sport												
Computer												
mit Freunden spielen												
Telefonieren												

Am Ende der Woche kannst du feststellen, wie viel Zeit du für was brauchst. Vor allem solltest du die ? und die ✗ zählen und überlegen, wo du in Zukunft Zeit einsparen kannst. Wenn der Platz nicht reicht, kannst du eine eigene Tabelle auf ein großes Blatt zeichnen.

Hausaufgaben vergessen?

Gehörst du zu den Leuten, die gelegentlich einen Teil ihrer Hausaufgaben vergessen? Richtig vergessen, nicht einfach nicht machen und dann „vergessen" sagen?
Julia ging es neulich so. Sie hatte ihre Hausaufgaben für Biologie einfach vergessen. Ziemlich ärgerlich, als die Biologielehrerin ihr Heft sehen wollte.
„Tut mir Leid, ich habs vergessen."

Julias Stimme war ganz leise und piepsig. Peinlich, dieser Blick der Lehrerin. Und ihre Stimme:
„So, vergessen!?!"

Dabei kann Julia die Lehrerin eigentlich gut leiden. Mist! Sie möchte gar nicht mehr an diesen Tag erinnert werden.
„Manchmal passiert mir das einfach", sagt sie. „Ich weiß gar nicht, warum. Es ist keine Absicht. Ich vergesse es. Und ich weiß auch nicht, was ich dagegen tun soll."

Eine bewährte Hilfe gegen Vergesslichkeit ist ein **Aufgabenheft.** Sicher weißt du, wie man es benutzt:
In die schmale Spalte trägt man für jeden Tag die Fächer ein, wie bei einem Stundenplan. In die breite Spalte schreibt man, welche Hausaufgaben man machen muss. Dabei gibt es zwei Möglichkeiten:
1. Man trägt die Hausaufgaben bei dem Tag ein, **an dem** man sie aufbekommt. Die Biologie-Hausaufgaben, die Julia am Dienstag aufbekommt, trägt sie bei „Dienstag" ein.
2. Man trägt die Hausaufgaben bei dem Tag ein, **für den** man sie aufbekommt. Also: Julia bekommt am Dienstag Biologie-Hausaufgaben für Donnerstag auf. Sie trägt sie bei „Donnerstag" ein. Das macht sie mit allen Fächern so. Dann kann sie am Mittwoch Nachmittag ganz leicht sehen, was sie für Donnerstag machen muss.

Du kannst ja ausprobieren, was für dich besser ist. Hier kannst du es ankreuzen:
- ○ Ich probiere zuerst die erste Möglichkeit aus.
- ○ Ich probiere zuerst die zweite Möglichkeit aus.

Du kannst nachsehen im Abschnitt „Wie soll ich nur anfangen?“ auf Seite 44.

Wenn du immer wieder Hausaufgaben vergisst, obwohl du sie dir aufgeschrieben hast, dann hat das Vergessen wohl nichts mit „Vergesslichkeit“ zu tun. Dann könnte es auch daran liegen, dass du deine Hausaufgaben falsch „organisierst“.

- Vielleicht machst du deine Hausaufgaben zur falschen Uhrzeit. Zum Beispiel gleich nach dem Essen, wenn du den Magen voll hast. Oder spät abends, wenn du schon müde bist. Dann solltest du herausfinden, ob du zu einer anderen Zeit besser und konzentrierter lernen kannst.
- Vielleicht machst du deine Hausaufgaben in der falschen Reihenfolge. Wenn Max beispielsweise mit den Englischvokabeln anfängt, dann ist er hinterher so sauer, dass er vor lauter Ärger leicht etwas vergisst.
- Möglicherweise ist auch zu viel um dich herum, das dich ablenkt. Dann solltest du überlegen, was du verändern kannst, damit du weniger abgelenkt wirst.
- Vielleicht machst du auch einfach zu wenig Pausen. Oder zu viele.

Professor Schönberg:
Wer zu wenig Pausen macht, dessen Leistung und Konzentration werden immer schwächer, je länger er lernt. Am Ende vergisst er leicht etwas. Wer ständig Pause macht, der muss immer wieder von vorn anfangen, er arbeitet nie richtig konzentriert an einem Thema, er kommt nicht vorwärts und braucht sehr lange, bis er wenigstens einen Teil seiner Aufgaben gemacht hat. Dann vergisst er am Ende leicht etwas.

Trifft einer dieser Punkte für dich zu? Dann überlege, was du anders machen willst.

- ○ Ich probiere meine Hausaufgaben zu einer anderen Zeit zu machen,
  und zwar ....
- ○ Ich versuche meine Hausaufgaben in einer anderen Reihenfolge zu machen,
  und zwar zuerst ....,
  dann ....
- ○ Ich versuche Ablenkungen „auszuschalten“, und zwar ....
- ○ Ich versuche mehr Pausen zu machen.
- ○ Ich versuche weniger Pausen zu machen.

5

Hausaufgaben anders machen

Ein Lernposter machen

Julia und Max lernen für ein Diktat: Groß- und Kleinschreibung. Brrrrr … ein fürchterliches Thema! Sie sitzen über ihrem Deutschbuch und versuchen sich einzuprägen, wann ein Wort großgeschrieben wird. *„Mann, das kann ich mir nie alles merken!“, meckert Max. „Und langweilig ist das!“, stöhnt Julia. „Können wir das nicht anders machen?“*

Sie überlegen kurz und entscheiden sich dann, ein Poster zu machen.

1. Schritt
Zuerst kleben sie zwei große Blätter von Julias Zeichenblock zusammen.

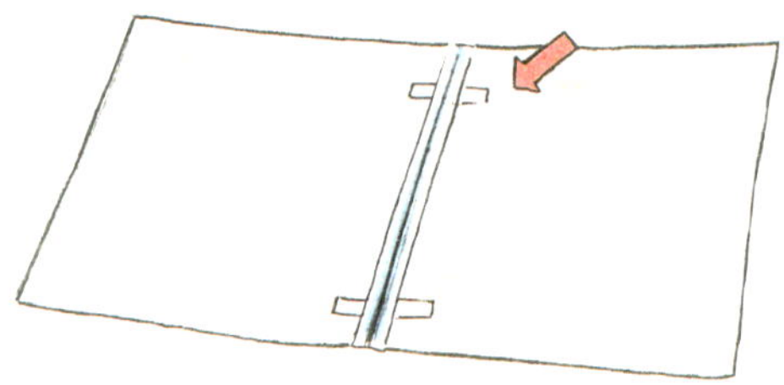

2. Schritt
Jetzt schreiben sie in Stichpunkten auf das Blatt, wann ein Wort großgeschrieben wird; zuerst mit Bleistift, dann mit einem dicken Filzstift.

3. Schritt
Dann schreiben sie Beispielsätze aus ihrem Deutschbuch zu den Stichpunkten. Die Buchstaben, auf die es ankommt, schreiben sie farbig.

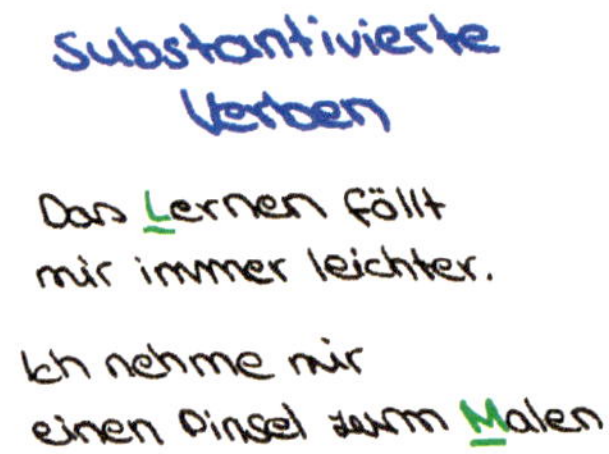

4. Schritt
Jetzt malen sie um jedes Thema einen farbigen Rahmen.

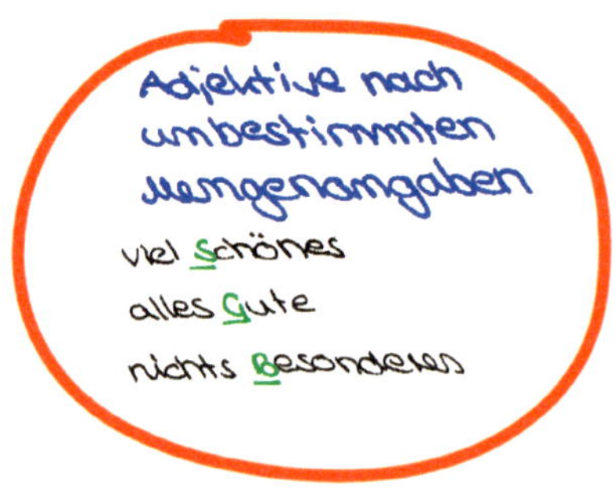

5. Schritt
Sie überlegen, was sie nicht so gut können. Zu diesen Themen malen sie ein großes Ausrufezeichen.

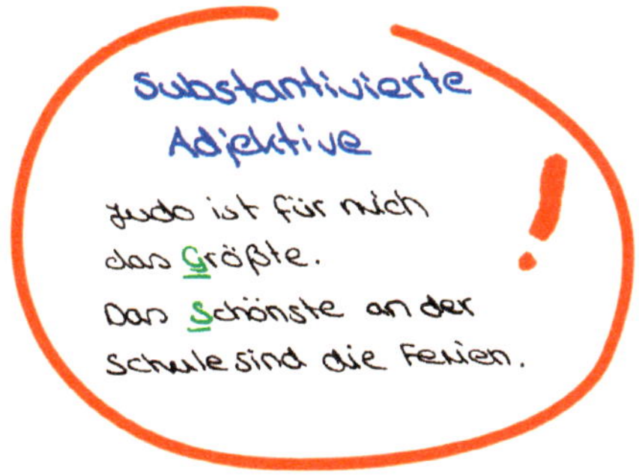

6. Schritt
Jetzt schreiben sie noch in die Mitte, um was es geht: „Großschreibung“. Fertig ist das Lernposter! Julia und Max hängen es an die Wand.

Natürlich kannst du auch Poster zu anderen Themen und Fächern machen. Wenn du es probieren willst, gehe schrittweise vor:

- zuerst die wichtigsten Stichpunkte,
- dann Beispiele,
- danach farbige Rahmen,
- Ausrufezeichen für Stellen, auf die du besonders achten willst.
- Das Thema kommt in die Mitte.

Bist du neugierig, wie das ganze Poster aussieht? Dann blättere weiter!

Und hänge dann dein Poster so auf, dass du es möglichst oft siehst und dir einprägen kannst, was du lernen willst!

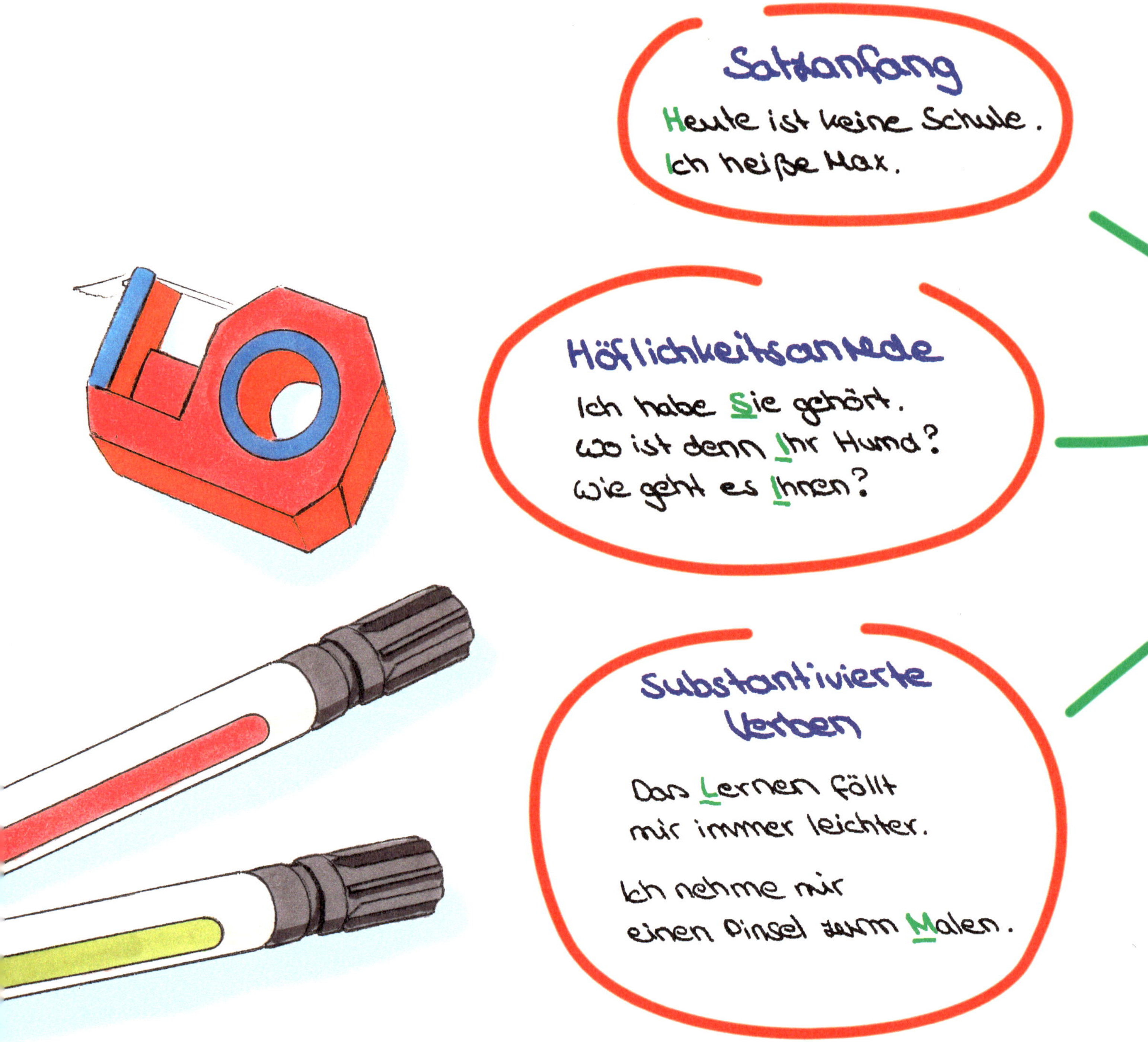
Satzanfang
Heute ist keine Schule.
Ich heiße Max.
Höflichkeitsanrede
Ich habe Sie gehört.
Wo ist denn Ihr Hund?
Wie geht es Ihnen?
Substantivierte Verben
Das Lernen fällt mir immer leichter.
Ich nehme mir einen Pinsel zum Malen.

Eigennamen
Frau Rieser
unsere Julia
Nomen
der Baum
das Fahrrad
Großschreibung
Adjektive nach
unbestimmten
Mengenangaben
viel Schönes
alles Gute
nichts Besonderes
!
Substantivierte
Adjektive
Judo ist für mich
das Größte.
Das Schönste an der
Schule sind die Ferien.
!

Mit Farbe lernen

Im Jahr 1360 kaufte sich eine französische Herzogin ein Gebetbuch. Es war – wie damals üblich – mit der Hand geschrieben. Viele Anfangsbuchstaben waren mit Farben kunstvoll verziert. Der Preis für das Buch: 200 Schafe und ein paar Zentner Getreide. Im Ernst: 200 Schafe für ein Buch!
Warum war ein Buch damals so teuer? Und warum sind Bücher heute viel billiger als im Jahr 1360? Julia und Max haben in der Schule ein Textblatt zu diesem Thema bekommen. Morgen sollen sie im Unterricht erklären können, warum das Buch der Herzogin so teuer war. Hier siehst du einen Ausschnitt aus Julias Textblatt:

alte Schriftsteller (Griechen, Römer)
✓
handschriftliche Texte
Anfangsbuchstaben
✓

> In der Abgeschiedenheit ihrer Klöster kopierten Mönche im Mittelalter mit Tinte und Feder die Bücher der Bibel und der antiken Autoren. Seit Beginn der Völkerwanderung im 5. Jahrhundert wurde diese Buchkunst nur noch in den Klöstern gepflegt. Dort gab es meist ein Skriptorium, eine Schreibstube, in der Manuskripte kopiert wurden. Man verzierte Handschriften auch mit Bildern. Die Initialen von Kapiteln wurden kunstvoll ausgemalt und mit dünnem Gold verziert. Die Farben, die dafür benötigt wurden, gewann man aus Pflanzen und Insekten. Solche „illuminierten" Bücher wurden zur Ehre Gottes geschaffen. Sie waren aber auch kostbare, prunkvolle Schätze ihrer Besitzer. Gold und Seide, farbige Edelsteine, Samt und Silber und die feinsten Ledersorten wurden für den Einband wertvoller Handschriften verwendet. Weniger kostbare Bücher band man in Schweins- oder Ziegenleder.

Wie du siehst, hat Julia Farbe in den Text gebracht.

- Mit einem blauen Marker hat sie Wörter markiert, die sie nicht kennt.
- Einige von ihnen hat sie im Lexikon nachgeschlagen. Dann hat sie auf den Rand geschrieben, was sie bedeuten.
- Einige unbekannte Wörter musste sie nicht nachschlagen, weil im Text steht, was sie bedeuten. Bei diesen Wörtern hat sie einen Haken an den Rand gemacht.
- Mit einem gelben Marker hat sie alle Informationen zu ihrer Frage, warum das Buch so teuer war, gekennzeichnet.

- Dann hat sie sich eine Tabelle gemacht. Links hat sie die gelb markierten Informationen eingetragen. Rechts hat sie sich notiert, was sie sich dazu denkt, also ihren Kommentar.

Information	Kommentar
Schrift: mit Tinte und Feder	dauert lange, viel Zeit für ein Buch
Bilder: handgemalt Farben von Pflanzen und Insekten Gold	viel Arbeit, viel Zeit Sind die teuer? teuer!
Einband: Gold, Seide, Edelsteine, Samt, Silber, feinstes Leder	alles sehr teuer!

Jetzt ist Julia klar, warum die Herzogin so viel für ihr Buch bezahlen musste.

Hast du schon den Gedächtnistest gemacht? Dann weißt du: Am meisten kann man sich merken, wenn man einen Text nicht nur liest, sondern selbst etwas macht mit dem Stoff, den man lernen will. Das hat Julia hier getan: Sie hat farbig markiert, Wörter nachgeschlagen, eine Tabelle angelegt: Mit ziemlicher Sicherheit wird sie morgen (und auch noch in der nächsten Woche) alles Wichtige aus dem Text wissen.
Auf den beiden nächsten Seiten kannst du es selbst probieren. Außerdem erfährst du, durch welche Erfindung Bücher billiger wurden. Schließlich muss man heute keine 200 Schafe mehr für ein Buch bezahlen. Zum Glück!

Den Gedächtnistest findest du auf den Seiten 18–21.

Klar: Wenn ein Mönch monatelang mit der Hand an einem einzigen Buch schrieb, war es ganz schön aufwendig, viele Bücher herzustellen. Aber wie sollte man das ändern? Das fragten sich damals viele Handwerker und Techniker. Bis einer von ihnen eine Idee hatte:

Wie erhält man mehrere Exemplare eines Buches, ohne es immer wieder von Hand abschreiben zu müssen? In Asien schnitzte man schon vor mehr als tausend Jahren erhabene Buchstaben in Holzbretter. Auf diese Weise druckte man in Europa erst Anfang des 15. Jahrhunderts. Man färbte die Buchstaben ein und presste das Papier darauf. Die hölzernen Druckstöcke nutzten sich aber schnell ab, man konnte nicht viele Bücher mit ihnen drucken.
Um 1445 hatte Johannes Gutenberg aus Mainz eine Idee. Er stellte einzelne Buchstaben aus einer Legierung aus Blei und anderen Metallen her und erfand so den Buchdruck mit beweglichen Lettern. Gutenberg setzte die Lettern erst zu einzelnen Wörtern zusammen. Dann vereinigte er die Wörter zu einer Zeile. Viele Zeilen ergaben schließlich die ganze Seite.
Die Seiten mit ihren Lettern wurden mit Druckerschwärze eingefärbt. Das Papier presste Gutenberg mit einer umgebauten Kelter an.
Das ging viel schneller, als Bücher mit Tinte und Feder immer wieder abzuschreiben und auszumalen oder die Buchstaben einer Seite in ein Holzbrett zu schnitzen. Und da die Lettern aus Metall sehr haltbar waren, konnte man Bücher auch in einer höheren Auflage drucken.

Jetzt kannst du so vorgehen wie Julia:
Mit einem blauen Marker markierst du Wörter, die du nicht kennst. Anschließend schlägst du sie im Lexikon nach oder fragst jemanden. Dann schreibst du ihre Bedeutung an den Rand.
Mit einem gelben Marker streichst du wichtige Informationen über die Herstellung von Büchern an. (Natürlich kannst du auch andere Farben nehmen oder mit Buntstiften oder Filzstiften unterstreichen.)

Hier kannst du die Informationen in die Tabelle eintragen. In der rechten Spalte ist Platz für deinen Kommentar.

Information	Kommentar

Weißt du jetzt, warum Bücher keine 200 Schafe mehr kosten?

Professor Schönberg:
Es genügt meistens nicht, einen Text nur zu lesen. Besser ist es, andere Methoden anzuwenden, um ihn zu verstehen und sich für lange Zeit einzuprägen, was man gelesen hat. Man kann zum Beispiel (wie auf diesen Seiten)

- *Wörter markieren,*
- *verschiedene Farben benutzen,*
- *im Lexikon nachschlagen oder jemanden fragen,*
- *Informationen aufschreiben,*
- *sich einen Kommentar überlegen.*

Wenn du in einem Buch nichts markieren oder nicht schreiben darfst, weil es dir nicht gehört, lohnt es sich oft, eine Fotokopie zu machen. Darauf kannst du dann schreiben und malen, soviel du willst.

Vokabeln auf viele Arten lernen

Julia und Max telefonieren. Julia will wissen, ob Max heute noch vorbeikommt. *„Ich würde ja gern", sagt Max, „aber ich muss noch Englisch lernen – ich kann die blöden Vokabeln noch nicht. Es ist immer dasselbe: Ich sitze vor meinem Englischbuch, gebe mir ehrlich Mühe, die Wörter in meinen Kopf zu bringen, und nach zehn Minuten weiß ich nur noch die Hälfte. Und am nächsten Tag sind fast alle weg, oder spätestens in der nächsten Woche. Und es sind auch wieder so viele, mehr als dreißig!"*
„O Mann!" Julia stöhnt richtig. „Willst du wieder alles auf einmal lernen? Wir haben doch die ganze Woche Zeit gehabt! Du hättest auch jeden Tag ein paar Wörter lernen können!"
„Na und?" gibt Max zurück. „Ich lerne sie eben alle auf einmal – ist doch egal."

Sieh nach auf Seite 77 im Abschnitt „Nicht alles auf einmal!".

Was ist besser? Viele Vokabeln auf einmal lernen oder jeden Tag nur wenige? Oder ist das egal?

Professor Schönberg:
Ganz klar: Wer versucht, möglichst viele Vokabeln an einem Tag zu lernen, der hat am nächsten oder übernächsten Tag die meisten wieder vergessen. Besser ist es, Vokabeln in kleinen Portionen zu lernen. Man könnte auch sagen: Viel bringt wenig, und wenig bringt viel. Das klingt ein bisschen verrückt, aber es ist wirklich so: Lieber an drei Tagen jeweils zehn Wörter lernen als an einem Tag dreißig!

„Na schön", sagt Max, „Dann lerne ich jetzt immer nur zehn Wörter an einem Tag. Aber ich weiß auch nicht, wie ich sie richtig lernen soll. Ich glaube, ich mache da was falsch." „Wieso?", fragt Julia. „Was soll denn falsch sein"?

Max erklärt ihr, was er meint:
„Also, ich mache das so: Ich lese die Wörter im Buch und merke sie mir. Danach halte ich die Seite mit den englischen Wörtern zu, lese die deutschen Wörter und kontrolliere, ob ich weiß, wie sie auf Englisch heißen; manchmal mache ich es

auch umgekehrt und halte die deutsche Seite zu. Aber dann vergesse ich die Vokabeln doch wieder, auch wenn es mal nicht so viele sind. Nur – wie soll ich es denn anders machen?"

So wie Max machen es viele: Sie lesen die Vokabeln im Buch und versuchen sie sich einzuprägen. Aber damit haben sie oft wenig Erfolg. Warum eigentlich, Herr Professor Schönberg?

„Max liest die Vokabeln und versucht sie sich einzuprägen. Aber wenn wir etwas nur lesen, vergessen wir es zum allergrößten Teil. Wenn wir etwas tun mit dem Stoff, den wir lernen wollen, behalten wir viel mehr. Max sollte also überlegen, wie er etwas tun kann mit seinen Vokabeln. Dann wird er sie besser behalten."

Im Abschnitt „Ein Gedächtnistest" auf den Seiten 18 – 21 erklärt Professor Schönberg das noch ausführlicher.

Vokabeln kann man gut lernen, indem man sie **benutzt:** Man kann zum Beispiel

- einen **Text lesen,** in dem die Wörter vorkommen (im Englischbuch),
- **Sätze schreiben** mit den Vokabeln, die man lernen will,
- einen Text mit den Vokabeln **übersetzen,**
- **über die Wörter,** die man lernen will, **sprechen:**
  Du willst zum Beispiel das englische Wort „chair" lernen; dann kannst du jemandem erklären: „Auf einem chair kann man sitzen. Ein chair ist meistens aus Holz." Noch besser ist es, wenn du das auf Englisch machst: „You can sit on a chair."

Man kann Vokabeln auch mit dem **Kassettenrekorder** lernen. Wenn du einen Rekorder mit Mikrofon hast, kannst du die englischen Vokabeln auf eine Kassette sprechen. Lass einige Sekunden Abstand zwischen den einzelnen Vokabeln! Später hörst du die Kassette wieder an und sagst immer die deutsche Bedeutung zu den englischen Wörtern.

Aber Vorsicht: Manche glauben, wenn sie einen Kassettenrekorder benutzen, geht alles von selbst. Leider ist ein Kassettenrekorder kein Zaubergerät, das dir die Wörter „automatisch" in den Kopf rieseln lässt. Lernen muss du sie trotzdem!

Manche schreiben die Vokabeln in ein **Vokabelheft** und lernen sie dann. Das ist schon besser, als die Wörter nur im Buch zu lesen. Aber es geht noch besser. Du kannst die Wörter auf **Karteikarten** schreiben und sie dann lernen. Wie das genau geht und wie man die Wörter nach der „Aschenputtel-Methode" lernt oder ein Vokabelkartenspiel erfindet, steht auf den nächsten Seiten.

Max, Julia und Professor Schönberg sprechen auf diesen Seiten immer von Englisch. Aber was sie sagen, gilt natürlich auch für alle anderen Sprachen.

Du besorgst dir ein Päckchen Karteikarten. Die Farbe ist egal; nimm eine, die dir gefällt. Kleine Karteikarten genügen (DIN A7, also halb so groß wie eine Postkarte). Am besten hebst du die Karten in einem Karteikasten auf.

Vokabelkarten: „Die guten ins Töpfchen …“

Sicher kennst du das Märchen: Aschenputtel möchte gerne auf das Fest beim König gehen, aber die Stiefmutter verlangt, dass sie zuerst eine ganze Schüssel Linsen ausliest, also die schlechten Linsen aussortiert. Eine mühselige Arbeit! Aber Aschenputtel ruft ihre Freunde, zwei weiße Tauben, und bittet sie um Hilfe: „Die guten ins Töpfchen, die schlechten ins Kröpfchen!“, sagt sie ihnen, und die Tauben tun es: Die guten Linsen werfen sie in den Kochtopf, die schlechten schlucken sie in ihren Kropf. Und Aschenputtel kann zum Fest gehen, der Prinz verliebt sich in sie, und sie wird Königin.

Vokabellernen mit Karteikarten geht ebenfalls nach der Aschenputtel-Methode: „Die guten ins Töpfchen …“ Es ist ganz einfach:

- **Schreibe** die Vokabeln auf Karteikarten, vorne englisch, auf der Rückseite deutsch.
- **Lies** beide Seiten **laut** vor und präge sie dir ein.
- Dann mischst du die Karten, wie bei einem Kartenspiel.
- Danach kannst du **kontrollieren,** ob du die Wörter kannst:
  deutsche Seite lesen, das englische Wort laut sagen, Karte umdrehen und kontrollieren, ob du das richtige englische Wort gesagt hast.
  (Oder umgekehrt: englische Seite lesen…).
  Hast du das Wort gewusst, kommt die Karte zurück in den Kasten:
  „Die guten ins Töpfchen …“
  Hast du ein Wort nicht gewusst, bleibt die Karte draußen. Karten, die draußen bleiben, schaust du dir noch einmal an: Lies beide Seiten drei- oder viermal laut. Danach kannst du wieder kontrollieren. Was du weißt, kommt in den Kasten, was falsch ist, bleibt draußen. So machst du weiter, bis alle Karten im Kasten sind.
- Nach einer Stunde oder am nächsten Tag kannst du das Ganze noch einmal **wiederholen.**
- Ein- oder zweimal im Monat nimmst du **alle Karteikarten der letzten vier Wochen** und kontrollierst, ob du sie noch kannst. Du machst es wieder wie vorher: „Die guten ins Töpfchen“, die schlechten bleiben draußen und werden noch einmal gelernt.

Beim Lernen solltest du die Wörter immer laut aussprechen. Auch dadurch wird es leichter, sie im Gehirn zu speichern.

Vokabelkartenspiele:
Du kannst deine Vokabeln auch gemeinsam mit anderen lernen:

- Ihr könnt euch mit den Karteikarten gegenseitig abfragen.
- Ihr könnt auch ein Spiel machen: Die Karten mit den neuen Vokabeln (oder mit den Vokabeln der letzten Wochen) liegen auf einem Stapel. Der erste Mitspieler nimmt eine Karte und liest die deutsche Seite vor (oder die englische, wie ihr wollt). Sein linker Nachbar muss die Übersetzung sagen. Wenn er das richtige Wort weiß, bekommt er die Karte. Weiß er es nicht, wird der nächste Mitspieler gefragt und so weiter. Wer am Ende die meisten Karten hat, hat gewonnen.
- Natürlich kann man auch andere Karteikartenspiele erfinden: mit Pfändern oder Punkten, auf Zeit, als Schreibspiel, …

Über das Lernen mit anderen kannst du auf den Seiten 68–70 im Abschnitt „Hausaufgaben im Team“ noch mehr lesen.

Du kannst dir selbst eine Spielregel für ein Karteikartenspiel ausdenken. Schreibe sie dir auf!

6

Gemeinsam lernen

Hausaufgaben im Team

„Wir sind ein starkes Team!", verkündet Julia. „Ich lerne gern mit Max zusammen. Es macht einfach mehr Spaß!"
„Wenn ich beim Judo einen neuen Wurf trainiere", erklärt Max, „mache ich das ja auch mit den anderen aus unserem Verein."

Vieles lernt man ganz selbstverständlich mit anderen zusammen: Beim Sport trainiert man meist gemeinsam, in der Schule lernt man in Klassen mit anderen.
Wenn Erwachsene an einer Fortbildung teilnehmen, um etwas Neues für ihren Beruf zu lernen, arbeiten sie meistens in Gruppen. Auch Hausaufgaben kann man oft gemeinsam machen, in einem Lernteam.

„Oft spielen wir Lehrer", sagt Julia. „Dann stellt Max mir eine Frage, und ich beantworte sie. So merke ich schnell, was ich schon kann und was ich mir noch genauer anschauen muss."
„Und wir fragen uns immer gegenseitig die Vokabeln ab," sagt Max. „Das ist spannender, als wenn man allein vor dem Englischbuch sitzt."
„Manchmal weiß ich bei einer Aufgabe einfach nicht weiter. Da ist mein Kopf wie zugenagelt. Dabei geht es oft nur um eine Kleinigkeit, aber ich komme einfach nicht weiter. Dann hilft mir Max, und meistens ist dann das Problem ganz schnell gelöst."
„Und wenn wir bei einem Aufsatz nicht wissen, wie wir anfangen sollen oder was wir überhaupt schreiben sollen", sagt Max, „dann machen wir einen 5-Minuten-Ideenwettbewerb: Jeder sagt so viele Ideen wie möglich, und dann haben wir meistens Stoff für drei Aufsätze."
„Ab und zu diktieren wir uns auch gegenseitig etwas", erzählt Julia.
„Und was wäre ich in Mathe ohne Julia! Seit wir zusammen lernen, habe ich bei Mathearbeiten kaum mehr Angst."
„Und überhaupt", sagt Julia, „es macht so einfach mehr Spaß."
Max stimmt ihr zu: „Wir sind eben ein starkes Team!"

Professor Schönberg:
Es kann viele Vorteile haben, wenn man gemeinsam lernt. Man kann sich gegenseitig unterstützen. Einer kann dem anderen etwas erklären oder er kann ihm weiterhelfen, wenn er an einer Schwierigkeit festhängt. Dadurch kann man oft mehr und schneller lernen.
Man kann mit mehr Abwechslung lernen: sich gegenseitig fragen, etwas diktieren, gemeinsam Ideen sammeln.
Man kann leichter überprüfen, was man schon kann und was noch nicht, indem man sich gegenseitig abfragt oder sich gegenseitig etwas erklärt.
Wenn man gemeinsam gelernt hat, hat man bei Klassenarbeiten oft weniger Angst, weil man besser weiß, was man kann.
Und was auch wichtig ist: Gemeinsam zu lernen macht meist mehr Spaß!

Max und Julia haben aber auch schon festgestellt, dass es manchmal besser ist, etwas ganz allein zu machen. Als Julia zu dem Märchen von Aladin und der Wunderlampe jeden Tag eine neue Geschichte erfunden hat, hat sie das lieber allein gemacht. Und Max muss manchmal einen oder zwei Tage allein lernen; warum, weiß er auch nicht.
„Ist ja auch egal", sagt er, „danach lerne ich dann wieder mit Julia zusammen."

Professor Schönberg:
Wenn man darauf achtet, kann man leicht herausfinden, was man besser gemeinsam und was man besser allein macht. Das ist bei jedem Menschen anders. Am besten, man probiert es aus. Mit der Zeit kann jeder erfahren, wie es für ihn selbst am besten ist.

Arbeitest du manchmal mit anderen zusammen? Seid ihr ein richtiges Lernteam, das sich regelmäßig trifft? Oder lernst du immer allein? Hier kannst du eintragen, was du beim Lernen gut mit anderen, in einem Lernteam, machen kannst und was du lieber allein machst. Wenn du immer allein lernst, kannst du eintragen, was du gern mit anderen zusammen machen möchtest (zum Beispiel Vokabeln lernen, für ein Diktat üben …)

gemeinsam im Team mit ____________:	lieber allein:

Hausaufgaben – mit den Eltern?

Manche Eltern wollen bei den Hausaufgaben ständig dabei sein, weil sie ihren Kindern helfen wollen. Andere haben gar nicht so viel Zeit, jeden Tag bei den Hausaufgaben dabei zu sein, weil sie berufstätig sind oder im Haushalt viel zu tun haben. Andere lassen ihre Kinder die Hausaufgaben lieber allein machen, weil sie wollen, dass ihre Kinder selbstständig lernen.
Manche Schülerinnen und Schüler wollen ihre Hausaufgaben immer allein machen. Andere möchten am liebsten, dass ihre Eltern bei den Hausaufgaben die ganze Zeit neben ihnen sitzen. Wieder andere hätten gern gelegentlich Hilfe von ihren Eltern, aber nur dann, wenn sie sie wirklich brauchen und allein nicht weiterkommen.
Und manchmal gibt es Streit, weil Eltern etwas anderes wollen als ihre Kinder.
Und was ist nun richtig? Fragen wir Professor Schönberg!

Professor Schönberg:
Das ist eine schwierige Frage.
Es ist wichtig, dass Kinder lernen, ihre Aufgaben selbstständig zu machen. Und es ist genauso wichtig, dass sie Hilfe und Unterstützung von ihren Eltern bekommen. Aber – ***wie viel*** *Hilfe und* ***wie viel*** *Selbstständigkeit, dafür gibt es keine Regel. Manche Schüler brauchen viel Hilfe, andere brauchen viel Selbstständigkeit und wenig Hilfe. Und* ***auf welche Art*** *Eltern ihren Kindern am besten helfen, das kann ebenfalls sehr unterschiedlich sein.*
Am besten ist es, wenn Eltern und Kinder miteinander sprechen: Wenn die Kinder sagen, wie sie ihre Hausaufgaben gern machen wollen, und wenn die Eltern sagen, was sie für richtig halten. Dann können sie gemeinsam festlegen, wie selbstständig die Kinder lernen sollen und wann sie Hilfe bekommen.

Auf diesem Wunschzettel kannst du ankreuzen, wie du deine Aufgaben gern machen würdest.

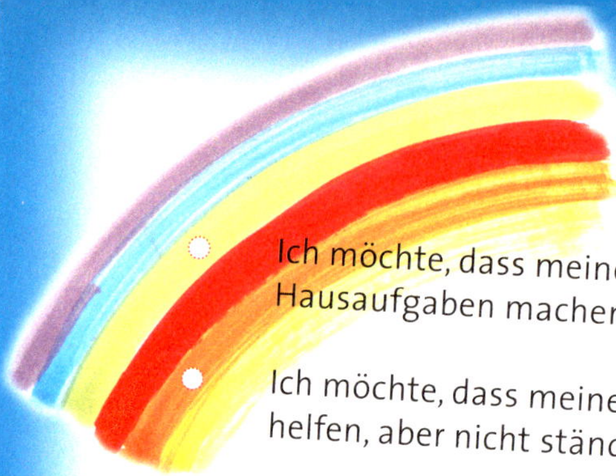

Wunschzettel

- ○ Ich möchte, dass meine Eltern häufiger mit mir gemeinsam Hausaufgaben machen.
- ○ Ich möchte, dass meine Eltern mir bei den Hausaufgaben helfen, aber nicht ständig dabei sind.
- ○ Ich möchte, dass meine Eltern mir sagen, ob sie es gut finden, wie ich meine Aufgaben mache, oder nicht.
- ○ Ich möchte meine Hausaufgaben allein machen, ganz ohne Eltern.
- ○ Ich möchte, dass meine Eltern bei den Hausaufgaben die ganze Zeit neben mir sitzen und mir helfen.
- ○ Manche Aufgaben würde ich gern allein machen. Aber bei einigen hätte ich gern die Hilfe meiner Eltern, und zwar bei

  ____ .
- ○ Ich möchte gern meine Hausaufgaben ohne Eltern machen. Aber ich fände es gut, wenn sie sich hinterher anschauen und anhören, was ich gemacht habe.
- ○ Ich fände es gut, wenn meine Eltern mich öfter loben, wenn ich Hausaufgaben gut gemacht habe.
- ○ Was ich zu diesem Thema noch sagen wollte:

  ____

  ____

Wenn du willst, kannst du den Wunschzettel jetzt deinen Eltern zeigen. Hättest du gern eine Antwort von deinen Eltern? Dann bitte sie, auf der nächsten Seite ihre Vorstellungen anzukreuzen.

Die Antwort der Eltern

Mutter		Vater
○	Ich möchte dir bei den Hausaufgaben helfen, aber ich habe nicht so viel Zeit, dass ich ständig dabei sein kann.	○
○	Ich finde es gut, wenn du deine Hausaufgaben allein (oder mit Freunden) machst, damit du selbstständig wirst.	○
○	Es interessiert mich, welche Aufgaben du zu erledigen hast und wie du sie machst.	○
○	Ich möchte ständig dabei sein, wenn du Hausaufgaben machst, damit ich alles mitbekomme und dir helfen kann.	○
○	Wenn du mit deinen Aufgaben fertig bist, möchte ich gerne sehen und hören, was du gemacht hast.	○
○	Wenn du bei den Hausaufgaben etwas nicht verstehst oder etwas wissen willst, helfe ich dir gerne weiter.	○
○	Ich finde, dass du deine Hausaufgaben meistens gut (oder sehr gut) machst.	○
○	Ich finde, dass du deine Hausaufgaben besser machen könntest, und zwar ______________________________	○
○	Was ich zu diesem Thema noch sagen wollte: ______________________________ ______________________________	○

Max ist ganz schön verwundert, als er die Antwort seiner Eltern gelesen hat. Seine Eltern finden, dass er seine Aufgaben meistens sehr gut macht. Das wusste er gar nicht! Eine echte Überraschung! Das muss er ihnen einmal sagen. Für Julia ist die Antwort ihrer Eltern nicht so überraschend. Sie weiß meistens ganz gut, was sie denken.
Wie findest du die Antwort deiner Eltern? Haben sie das angekreuzt, was du erwartet hast? Oder haben sie etwas anderes angekreuzt? Bist du erstaunt? Wunderst du dich über deine Eltern? Oder hast du schon ganz genau gewusst, was sie meinen? Bist du einverstanden mit der Meinung deiner Eltern? Oder bist du anderer Meinung als sie? Sind deine Eltern einverstanden mit deiner Meinung?
Moment! Professor Schönberg möchte noch etwas sagen:

Professor Schönberg:
Darf ich noch einmal daran erinnern:
Am besten ist es, wenn Eltern und Kinder miteinander sprechen: Wenn die Kinder sagen, wie sie ihre Hausaufgaben gern machen wollen, und wenn die Eltern sagen, was sie für richtig halten. Dann können sie gemeinsam festlegen, wie selbstständig die Kinder lernen sollen und wann sie Hilfe bekommen.

Ach so. Vielen Dank für die Erinnerung, Herr Professor!

Ja dann: Am besten redest du heute mit deinen Eltern über deinen Wunschzettel und ihre Antwort. Hier kannst du dir aufschreiben, was du ihnen sagen willst. Sicher kommt ihr zu einer guten Regelung.

Mit Lehrern sprechen

„Heute gab es große Diskussionen in der Klasse", erzählt Julia. „Einige haben sich bei unserer Klassenlehrerin beschwert, weil unser Deutschlehrer immer zu viel aufgibt. Jeden Nachmittag sitzen manche stundenlang an den Deutschaufgaben, und wenn sie sie nicht machen, bekommen sie eine 6."
Max erzählt weiter:
„Und einige haben sich auch darüber beschwert, dass die Hausaufgaben in Mathe immer viel zu schwer sind; fast keiner hat sie heute richtig gehabt."
Das wird ja eine heiße Diskussion in der Klasse gewesen sein. Was die Klassenlehrerin wohl dazu gesagt hat?
„Ach, die wollte das gar nicht hören. Ich glaube, die denkt, wir sind einfach nur zu faul. Aber die Deutschaufgaben sind wirklich immer zu viel!"
Julia ist empört.

Schülerinnen und Schüler beschweren sich oft über die Hausaufgaben. Und Lehrerinnen und Lehrer sind oft anderer Meinung als ihre Schüler; sie finden die Hausaufgaben, die sie aufgeben, ganz in Ordnung. Und wer hat Recht? Fragen wir unseren Professor.

Professor Schönberg:
Nun, normalerweise bemühen sich Lehrer, vernünftige Hausaufgaben aufzugeben. Sie wollen ja, dass ihre Schüler etwas lernen. Aber manchmal wissen sie nicht genau, wie lange die Schüler für eine Arbeit brauchen oder wie schwierig eine Aufgabe für sie ist. Deswegen kann es schon vorkommen, dass Hausaufgaben zu schwierig oder zu umfangreich sind.
Aber manchmal wollen auch Schülerinnen und Schüler nicht einsehen, dass sie sich Mühe geben müssen und sich auch einmal mit einer schwierigen Aufgabe auseinandersetzen müssen. Manche machen ihre Hausaufgaben auch zu langsam und mit zu vielen Ablenkungen und Unterbrechungen, sodass sie sehr lange brauchen. Der Fehler kann also auf beiden Seiten liegen: bei den Lehrern und bei den Schülern. Wenn es Konflikte wegen der Hausaufgaben gibt, sollten sie miteinander reden.

„Na ja", sagt Max. „Da hat der Professor vielleicht Recht. Aber so einfach ist das nicht, mit Lehrern über die Hausaufgaben zu reden."

Geht es dir auch so? Hier haben wir ein paar Vorschläge, wie du am besten mit Lehrern über die Hausaufgaben reden kannst.

- **Sage genau, um was es dir geht:** Welche Hausaufgabe hast du nicht in Ordnung gefunden? An welchem Tag? Warum hast du sie nicht in Ordnung gefunden? Dann weiß dein(e) Lehrer(in) genau, um welche Hausaufgaben es dir geht, und kann darüber nachdenken, ob die Aufgabe vielleicht wirklich zu schwierig (oder zu viel) war. Das ist besser, als wenn du nur sagst: „Die Hausaufgaben sind immer zu viel oder zu schwer.“ Dann weiß dein(e) Lehrer(in) nämlich nicht genau, um was es dir geht, und denkt vielleicht, du willst nur meckern. Und dann bekommst du wahrscheinlich keine sehr freundliche Antwort und erreichst nicht viel in dem Gespräch.
- **Höre dir auch an, was dein(e) Lehrer(in) zu sagen hat.** Manchmal haben ja auch Lehrer Recht, und der Fehler könnte bei dir liegen. Oder beide könnten etwas verändern: Der Lehrer könnte andere Hausaufgaben aufgeben, und du könntest deine Hausaufgaben anders machen – in diesem Buch findest du eine Menge Vorschläge dazu.
- Manchmal kann es auch sinnvoll sein, wenn **Eltern** mit Lehrern über die Hausaufgaben sprechen, vielleicht beim Elternabend oder bei einem Elternsprechtag.

Wenn du mit einer Lehrerin oder einem Lehrer über die Hausaufgabe sprechen willst, kannst du hier eintragen, was du sagen willst:

Was ich meiner Lehrerin / meinem Lehrer sagen möchte:

- Welche Hausaufgabe fand ich nicht gut?

- An welchem Tag?

- Was finde ich nicht gut an der Aufgabe?

- Was war gut an der Hausaufgabe?

- Mein Änderungsvorschlag:

7

Halb so schlimm: die Klassenarbeit

Nicht alles auf einmal!

Julia ist sauer. Einen ganzen Nachmittag lang hat sie für die Englischarbeit gelernt. Zuerst mit Max, dann allein. Abends um halb 9 hat sie sich noch einmal von ihrem Vater die Vokabeln abhören lassen. Sie hat alles gelernt. Alles!

Wie es weiterging, erzählt Julia selbst:
„Am nächsten Tag bei der Englischarbeit habe ich fast nichts gewusst. Alles vergessen, wirklich fast alles. Eine 5 habe ich geschrieben! Dabei habe ich über sechs Stunden gelernt! So viel Arbeit und dann eine 5! So ein Mist!“

Zu diesem Thema findest du auch etwas auf den Seiten 16–17 im Abschnitt „Die Geschichte vom Nürnberger Trichter“.

Professor Schönberg:
So geht es leider vielen Schülerinnen und Schülern: Sie lernen stundenlang, und bei der Arbeit wissen sie fast nichts mehr. Besser ist es, den Stoff in kleinen Portionen zu lernen. Am besten fängt man eine Woche vorher an und lernt jeden Tag ein bisschen. So behält man besser, was man gelernt hat, und man fühlt sich sicherer. Man merkt auch rechtzeitig, ob man etwas noch einmal wiederholen sollte. Außerdem ist das Lernen auf diese Art nicht so anstrengend. Damit man den Überblick behält, kann man sich einen Wochenplan machen und eintragen, was man an den einzelnen Tagen lernen will.

Julia macht sich einen Plan für die Deutscharbeit, die sie nächste Woche schreiben muss. Das soll ihr nicht noch einmal passieren: stundenlang lernen und dann eine 5! So sieht ihr Wochenplan aus:

Deutscharbeit Donnerstag, 12. 4.
Thema: Satzglieder

Tag	Was will ich an diesem Tag lernen?	Wo kann ich nachsehen?	Wie lerne ich?	Kontrolle Wiederholung
Do, 5. 4.	Satzglieder feststellen, Verschiebeprobe	Deutschheft	allein	✓
Fr, 6. 4.	Prädikate - einteilige - mehrteilige	Deutschheft Buch S. 86, Nr. 1-5	am besten mit Max	mehrteilige P. wiederholen!
Samstag, 7. 4.	— Lernpause —	—	—	—
Sonntag, 8. 4.	Subjekte	Buch, S. 87 Heft	allein	✓

Auf dieser Seite kannst du dir selbst einen Plan für deine nächste Klassenarbeit machen. Denke daran, was Professor Schönberg gesagt hat, und schaue dir an, wie Julia es gemacht hat:

- Trage pro Tag nur **wenig Stoff** ein.
- **Kontrolliere,** ob du alles **gemacht** hast, was du dir für einen Tag vorgenommen hast.
- Wenn du etwas **nicht geschafft** hast oder noch einmal **wiederholen** willst, trage es in die letzte Spalte ein.
- Wenn du willst, kannst du einen **„Pausentag“** festlegen.

Fach: *Datum:* *Thema:*

Wochentag	**Was** will ich an diesem Tag lernen?	**Wo** kann ich nachsehen?	**Wie** lerne ich?	**Kontrolle Wiederholung**
....	....	....	....	....
....	....	....	....	....
....	....	....	....	....
....	....	....	....	....
....	....	....	....	....
....	....	....	....	....
....	....	....	....	....

Nach der Klassenarbeit kannst du hier ankreuzen, welche Erfahrungen du gemacht hast:	**ja**	**nein**
Ich habe mich genau (oder ziemlich genau) an meinen Wochenplan gehalten.	○	○
Ich habe einen Plan gemacht, aber dann habe ich doch wieder alles an einem Tag gelernt.	○	○
Jeden Tag ein bisschen zu lernen war einfacher, als alles auf einmal zu lernen.	○	○
Meine Note ist besser als bei der letzten Arbeit.	○	○
Bei der nächsten Arbeit versuche ich es noch einmal mit einem Wochenplan.	○	○

Direkt davor – bleib cool!

„Direkt vor der Arbeit wird es dann allerdings manchmal schon kritisch“, erzählt Max weiter. „Vor manchen Arbeiten bin ich wahnsinnig aufgeregt. Dann stehe ich auf dem Schulhof und denke: Ich habe alles vergessen, ich kann nichts, bestimmt bekomme ich eine schlechte Note. Dabei habe ich doch alles gelernt. Aber das fällt mir dann gar nicht ein. Das ist ein richtig mieses Gefühl.“

Man sieht es Max an, dass es ihn gruselt, wenn er nur daran denkt.

„Bei mir ist das anders“, sagt Julia. „Ich bin nicht so aufgeregt wie Max. Ich überlege noch einmal, was ich alles gelernt habe, und dann denke ich: Eigentlich müsste es gut gehen mit der Arbeit. Nur wenn ich in der Pause mit anderen zusammenstehe, die sich furchtbar aufregen, lasse ich mich manchmal von ihnen anstecken. Dann werde ich auch nervös.“

Was kannst du tun, damit du selbstsicher und ruhig bist vor der Klassenarbeit?
Erinnere dich, **was** du gelernt hast, und stelle dir ganz genau vor, **wie** du es gelernt hast:

- was auf den Seiten in deinem Heft steht,
- wie die Seiten in deinem Buch aussehen (die Bilder und Zeichnungen, die Überschriften, Kästen, ...),
- was du geschrieben hast,
- wo du gesessen hast beim Lernen,
- wann du gelernt hast,
- mit wem du gelernt hast,
- was du kannst und weißt zum Thema der Klassenarbeit.

Mehr zu den Entspannungsübungen erfährst du auf den Seiten 32–33.

Hast du am Tag (oder einige Tage) vor der Arbeit eine Entspannungsübung gemacht?

- Dann erinnere dich an das Gefühl: Bei deiner Ballonfahrt oder bei der Reise durch den Körper warst du ruhig, und du hast gewusst, dass du es schaffst, dass alles gut gehen wird.
- Du kannst es dir ein paar Mal leise sagen: „Alles geht gut, ich kann es, ich schaffe es!“

Gegen Anspannung und Stress hilft Bewegung.
- Und gegen Aufregung vor einer Klassenarbeit hilft beispielsweise Fußball oder Basketball spielen (oder etwas anderes), ein Wettrennen veranstalten (je mehr mitmachen, umso besser), Seilhüpfen oder einfach so über den Schulhof rennen.

Was könntest du auf eurem Schulhof machen? Am besten schreibst du gleich einige Ideen hier hin:

....

....

„Alles o. k.", meint Julia. „Aber wenn mich die anderen aus der Klasse wieder ganz verrückt machen und andauernd nur darüber reden, dass die Arbeit gaaaaaaanz bestimmt fürchterlich wird und sie gaaaaaanz bestimmt eine schlechte Note schreiben: Was kann ich denn dann tun?"

Was kannst du tun, wenn dich andere in Aufregung versetzen?
- Du kannst zum Beispiel zu ihnen sagen: „He, lasst uns lieber ein Spiel anfangen!"
- Oder du kannst das Thema wechseln und mit den anderen über etwas Interessantes sprechen.
- Oder du kannst mit den anderen in Ruhe den Stoff für die Arbeit wiederholen.
- Du kannst auch einfach ein paar Meter weggehen und etwas anderes tun. Was? Lies noch einmal weiter oben nach, bestimmt findest du einen Vorschlag, der dir gefällt.

Hier kannst du aufschreiben, was du tun willst:
Wenn mich vor der nächsten Klassenarbeit andere in Aufregung versetzen, dann mache ich Folgendes:

....

....

Und direkt vor der Arbeit, wenn die Lehrerin oder der Lehrer hereinkommt:
- Denke daran, dass du gut gelernt hast und eine Menge weißt und kannst.
- Sage dir noch einmal: „Alles geht gut, ich kann es, ich schaffe es!"

Spickzettel? Spickzettel!

Max erzählt: „Für die letzte Englischarbeit habe ich mir einen Spickzettel gemacht. Ich wollte nicht wieder eine 4 schreiben. Das war aber ein ganz schöner Reinfall!“

„Wieso?“, will Julia wissen.
„Also, zuerst war es eine Menge Arbeit“, berichtet Max. „Ich konnte ja keinen riesengroßen Zettel nehmen, das wäre aufgefallen. Und auf einen kleinen Zettel kann man nicht viel schreiben. Also musste ich erst einmal überlegen, was ich alles aufschreiben wollte. Zuerst habe ich alle Vokabeln zu dem Kapitel im Englischbuch durchgelesen. Die meisten konnte ich, aber fünf, die ich mir einfach nicht merken konnte, habe ich auf den Spicker geschrieben. Dann habe ich mir noch ein paar Beispiele aus der Grammatik aufgeschrieben. Und am Ende habe ich den Text aus dem Englischbuch gelesen und mir ein paar Notizen dazu gemacht; weil unsere Englischlehrerin doch immer Fragen zum Inhalt stellt.“
„Das klingt aber nach echt viel Arbeit“, sagt Julia. „Hat er dir wenigstens geholfen?“
„Das war ja das Problem. Die Lehrerin ist ständig im Raum herumgegangen und hat nach allen Seiten geguckt. Ich konnte den Zettel überhaupt nicht lesen. Ich habe nur dauernd aufgepasst, dass sie ihn nicht entdeckt.“
„Wenn sie dich erwischt hätte, hätte es Ärger gegeben.“ Julia grinst.
„Na, und wie! Ich bin ganz schön ins Schwitzen gekommen. Ständig konnte ich nur an den Spicker denken. Ich konnte mich kaum noch konzentrieren. Nach einer halben Stunde habe ich ihn zerknüllt und weggesteckt. War einfach zu viel Stress.“

Pech für Max: So viel Arbeit mit dem Spickzettel – und dann konnte er ihn gar nicht benutzen. Max hat übrigens trotzdem eine gute Note geschrieben. Er hat nämlich bei der Englischarbeit alles gewusst, was auf dem Zettel stand.

Professor Schönberg:
Wer sich einen guten Spickzettel macht, kann eine Menge dabei lernen: Er muss den Stoff noch einmal durchlesen; er muss überlegen, was er weiß und was er nicht weiß; und er schreibt noch einmal, was er nicht genau weiß. In der Pause vor der Klassenarbeit kann er schnell das Wichtigste wiederholen, indem er den Zettel liest. Das sind alles gute Vorbereitungen für eine Klassenarbeit, weil man dabei eine Menge mit dem Lernstoff tut und ihn gründlich durcharbeitet.

Das ist ja wunderbar, Herr Professor. Also sollte Max bei Klassenarbeiten immer einen Spickzettel haben?
„Auf keinen Fall! Max hat es ja selbst erlebt: Während der Klassenarbeit muss man ständig aufpassen, dass man nicht erwischt wird. Dann kann man sich kaum noch auf seine Arbeit konzentrieren und macht leicht ganz überflüssige Fehler. Der Spickzettel kann einem also schaden, wie ein Bumerang, der zurückkommt und einem an den Kopf fliegt. Das heißt: Max sollte einen Spickzettel schreiben. Und vor der Klassenarbeit sollte er ihn noch einmal durchlesen und dann wegwerfen."

Darüber steht auch etwas im Abschnitt „Ein Gedächtnistest" auf den Seiten 18–21.

„Außerdem", sagt Julia, „ist es unfair gegenüber den anderen, einen Spickzettel zu benutzen. Und dass es verboten ist, weiß jeder. Überhaupt: Wir haben inzwischen so gut trainiert, wie man richtig lernt – wir haben solche Tricks gar nicht nötig."

Während der Klassenarbeit

Man kann sich noch so gut vorbereiten und noch so viel lernen – spätestens während der Klassenarbeit kommt bei den meisten doch die Aufregung.
„Allerdings!", sagt Max. „Das kenne ich gut. Ich bin bei jeder Arbeit aufgeregt!"
„Ich auch", sagt Julia. „Das ist doch ganz normal."

Genau: Das ist ganz normal. Und es ist auch nicht so schlimm.
Was meint Professor Schönberg dazu?

Professor Schönberg:
Wer ein bisschen Angst vor einer Prüfung oder einer Klassenarbeit hat, erzielt meistens ein besseres Ergebnis als jemand, der überhaupt keine Angst hat. Er strengt sich nämlich mehr an und konzentriert sich besser, als wenn er gar keine Angst hätte. Er sollte aber darauf achten, dass er ruhig und systematisch arbeitet, damit die Aufregung nicht größer wird.

„Das verstehe ich ja", sagt Max. „Aber wie soll ich das denn machen, ruhig und systematisch arbeiten?"

Wie man das macht? Hier findest du einige Vorschläge:

erst nachdenken

- Oft ist es gut, wenn du nicht sofort anfängst zu schreiben, sondern dir die Aufgabe erst einmal durch den Kopf gehen lässt. Also: Stift hinlegen und erst einmal überlegen.
- Du kannst zum Beispiel die Antworten auf Fragen erst einmal im Kopf formulieren. Oder eine Zeichnung, die du anfertigen sollst, zuerst auf einem Blatt ausprobieren.
- Wenn du in einer Deutscharbeit eine Erzählung oder einen Bericht schreiben sollst, kannst du dir die ganze Geschichte innerlich vorstellen, bevor du schreibst.

systematisch vorgehen

- Gehe die Aufgaben der Reihe nach durch. Fange mit der ersten an, nimm dir dann die zweite vor, ...
- Wenn du feststellst, dass du mit einer Aufgabe nicht gleich zurechtkommst, dann überspringst du sie am besten und gehst zur nächsten.
  Wenn du die letzte Aufgabe bearbeitet hast, weißt du: Ein großer Teil der Arbeit ist erledigt, du hast nicht zu viel Zeit gebraucht, und wahrscheinlich hast du das meiste richtig gemacht; es waren ja schließlich einfache Aufgaben, die dir leicht gefallen sind.
- Jetzt kannst du zurückgehen zu den schwierigeren Aufgaben, die du übersprungen hast. Du hast noch genug Zeit, etwas länger an ihnen zu arbeiten. Wenn du eine auch jetzt noch nicht lösen kannst, lass sie weg und gehe zur nächsten über.

Trotzdem kann es passieren, dass du dich bei der Arbeit irgendwo verhedderst: Du weißt einfach nicht mehr weiter, in deinem Kopf geht alles durcheinander. Das ist nicht weiter schlimm. Du kannst dann einen „2-Minuten-Break" machen, eine kurze Unterbrechung. Das geht so:

Der 2-Minuten-Break

- Du legst deinen Stift hin und schiebst das Heft 10 cm weg.
- Dann setzt du dich aufrecht auf deinen Stuhl: den Po nach hinten schieben, den Rücken an die Rückenlehne lehnen.
- Mache die Augen zu und atme fünf-, sechsmal sehr langsam und tief ein und aus. Dabei achtest du genau auf deinen Atem. (Du kannst dich auf deine Nasenspitze konzentrieren und fühlen, wie der Atem ein- und ausströmt.)
- Erinnere dich daran, dass du gut gelernt hast und vieles weißt und kannst. Und dann sagst du dir: „Alles geht gut. Ich kann es. Ich schaffe es."
- Jetzt kannst du die Augen wieder öffnen und überlegen, wie du am besten weitermachst. Vielleicht mit einer anderen Aufgabe. Oder erst einmal mit einer Zeichnung. Oder du stellst dir eine Stelle aus deiner Geschichte noch einmal ganz genau vor.
  Du wirst sehen: Die zwei Minuten Unterbrechung lohnen sich. Du wirst ganz bestimmt eine Idee haben, wie du weiterarbeiten kannst. Und du wirst wieder ruhiger und sicherer sein.

Kontrolle am Ende

Wenn du es schaffst, solltest du die letzten fünf Minuten nutzen, noch einmal deine ganze Arbeit durchzulesen. Vielleicht sind dir ja ein paar Flüchtigkeitsfehler unterlaufen, die du jetzt noch finden und verbessern kannst.

Nach der Klassenarbeit – eine neue Chance

Hast du eine gute Note geschrieben? Bist du zufrieden mit deinem Ergebnis? Ja? Herzlichen Glückwunsch! Gut gemacht! Ist dein Ergebnis nicht so gut? Bist du unzufrieden? Traurig? Sauer? Enttäuscht? Schade, dass es nicht so gut geklappt hat. Ärgerlich.
Aber trotzdem: Gib nicht auf! Vielleicht brauchst du einfach noch ein bisschen Zeit, um deine Leistungen zu verbessern. Manchmal dauert es eben etwas. Wenn du weitertrainierst, wirst du allmählich besser werden.

„Ich weiß nicht!“ Max sieht ziemlich traurig aus. „Mit diesen Englischarbeiten – irgendwie wird das nichts bei mir!“
Er macht einen sehr bekümmerten Eindruck. Julia weiß gar nicht, was sie sagen soll, um ihn zu trösten.
„Armer Max!“, sagt sie.
Dann fällt ihr nichts mehr ein.

Was soll er denn nur tun, der arme Max? Was kannst du tun, wenn eine Klassenarbeit schief gegangen ist?

Vor allem: **Schau dir die Arbeit ganz genau an!** Am besten machst du das mit jemandem zusammen, meistens geht es zu zweit oder zu dritt besser. Du kannst dich mit deinem Lernteam zusammensetzen oder mit deinen Eltern oder auch mit einer anderen Person, ganz, wie du willst.
Dabei kannst du folgende Fragen stellen (auf den nächsten Seiten kannst du deine Antworten aufschreiben, damit du sie nicht vergisst):

Was habe ich richtig gemacht?

- Das solltest du zuerst überprüfen. Es ist eine sehr wichtige Frage. Du solltest unbedingt herausfinden, was du kannst, was du gut gemacht hast! Vermutlich hast du sehr viel richtig gemacht, wahrscheinlich das meiste.

Wenn du feststellen willst, was du alles kannst, dann schaue nach auf den Seiten 22–27.

Welche Fehler habe ich gemacht?

- Vielleicht waren es bestimmte Rechtschreibfehler: die Großschreibung oder das Doppel-s. Oder du hast einige Vokabeln nicht gewusst. Oder Fehler beim Dividieren gemacht.
- Schreibe genau auf, welche Fehler es waren. Dann siehst du, was du noch einmal lernen solltest und kannst gezielt üben.

Wie habe ich mich auf die Arbeit vorbereitet?

- Hast du zu viel auf einmal lernen wollen?
- Oder hast du vielleicht alles zu leicht genommen und zu wenig gelernt?
- Hast du allein gelernt oder mit anderen?
- Welche Lernmethoden hast du angewendet (Karteikarten, Lernposter, farbige Markierungen, ...)

Darüber steht auch etwas im Abschnitt „Nicht alles auf einmal!“ auf den Seiten 77–79.

Wie ist es mir während der Klassenarbeit gegangen?

- Warst du vielleicht zu aufgeregt?
- Konntest du dich nicht gut konzentrieren?
- Hast du plötzlich alles vergessen?
- Oder warst du ruhig und selbstsicher?

Gemeinsam mit anderen lernen? Schaue nach auf den Seiten 68–70.

Wie kann ich neu anfangen?

- Vielleicht willst du dir einen bestimmten Lernstoff noch einmal ansehen: ein Kapitel aus dem Erdkundebuch. Oder die Regeln der Großschreibung. Oder die Vokabeln der vorletzten Englischeinheit.
- Vielleicht solltest du in einem bestimmten Fach intensiver im Unterricht mitarbeiten.
- Oder deine Hausaufgaben gründlicher machen.
- Oder andere Lernmethoden verwenden.
- Vielleicht solltest du überlegen, wie du deine Angst vor einer Klassenarbeit etwas kleiner machen kannst.
- Vielleicht möchtest du mit deiner Lehrerin/deinem Lehrer darüber sprechen, wie du deine Leistungen verbessern kannst.

Angst vor Klassenarbeiten? Dazu findest du Hilfen auf den Seiten 28–31.

Wo kann ich dazu Hilfe finden?

In diesem Buch findest du eine Menge Vorschläge,

- wie du deine Hausaufgaben machen kannst,
- wie du mit anderen gemeinsam lernen kannst,
- welche Lernmethoden du verwenden kannst,
- wie dich auf eine Klassenarbeit vorbereiten kannst,
- was du tun kannst, wenn du vor oder während einer Klassenarbeit Angst hast.

Sieh im Inhaltsverzeichnis nach, wo du Vorschläge finden kannst!

Schreibe auf den nächsten Seiten deine Antworten auf die Fragen auf.

Eine neue Chance – meine Antworten

Was habe ich richtig gemacht?

Welche Fehler habe ich gemacht?

Wie habe ich mich auf die Arbeit vorbereitet?

Wie ist es mir während der Klassenarbeit gegangen?

Wie kann ich neu anfangen?

Wo will ich in diesem Buch nachsehen?

Max hat die Fragen für sich beantwortet. Jetzt geht es ihm besser.
Er weiß, was er in Zukunft anders machen möchte.
„O. k.“, sagt er entschlossen, „dann probiere ich es weiter.
Bei der nächsten Englischarbeit wird es besser!“
„Klar!“, sagt Julia. „Schließlich bist du ja nicht doof.“
„Nein“, sagt Max, „doof bin ich ganz bestimmt nicht!“

8

Ergebnisse und Erfolge

Was habe ich erreicht?

So trägt Max die Noten seiner Englisch-arbeiten ein:

Auf dieser Seite kannst du überprüfen, wie sich deine Noten in den Klassenarbeiten entwickelt haben.

Trage bei jeder Arbeit ein, welche Note du bekommen hast. Fange mit der nächsten Arbeit an! Du musst nur immer den Kreis mit deiner Note farbig ausmalen (bei einer Zwischennote wie 2–3 malst du einfach einen neuen Kreis zwischen die 2 und die 3). Nach mehreren Klassen-arbeiten kannst du die ausgemalten Kreise mit einer Linie verbinden.

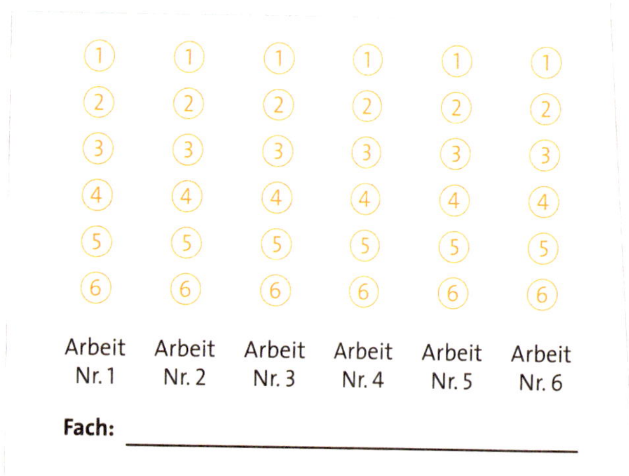

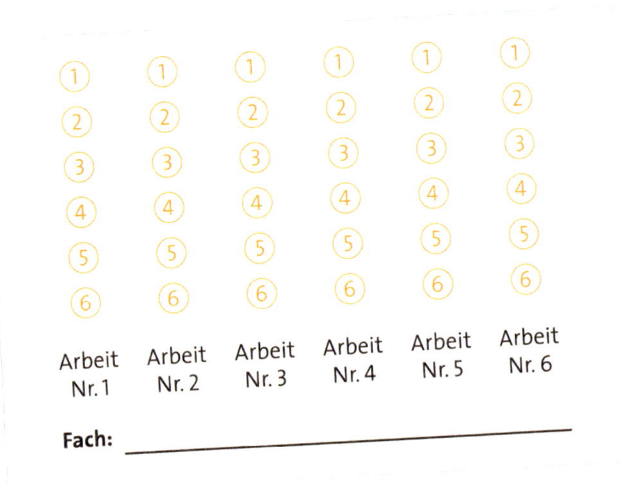

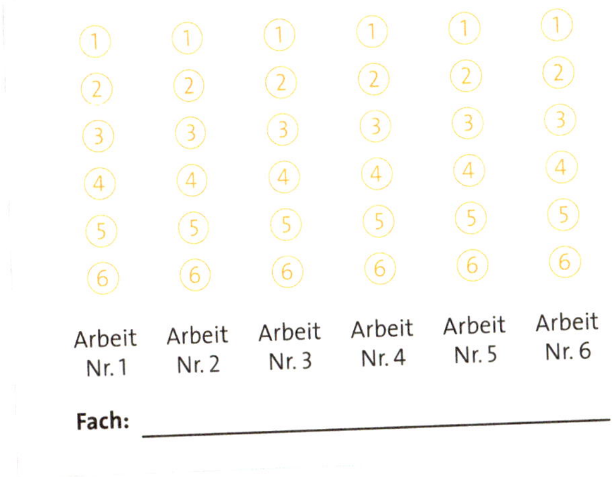

Auf der Seite 93 kannst du nachsehen, was deine Linien bedeuten.

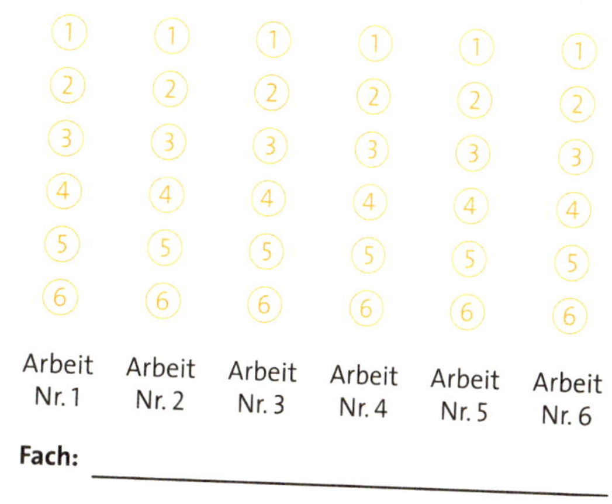

- **Meine Linien zeigen alle aufwärts.**
  → Schaue nach auf Blatt 1 auf Seite 93.
- **Meine Linien gehen nicht aufwärts und nicht abwärts, aber meine Noten sind gut.**
  → Schaue nach auf Blatt 1, Seite 93.
- **Meine Linien gehen in einigen Fächern aufwärts, aber nicht in allen.**
  Immerhin: In einem Fach oder in mehreren Fächern hast du dich gesteigert. Gut so! Jetzt überlege: Wie hast du es geschafft, in diesen Fächern bessere Arbeiten zu schreiben? Vielleicht hast du auf eine andere Art gelernt als früher. Wie? Vielleicht hast du mehr gelernt. Oder regelmäßiger. Oder du hast mit deinem Lehrer darüber gesprochen, wie du besser werden kannst. Und vielleicht hast du es auch ganz anders gemacht …
  Denke nach, und wenn du es weißt,
  → gehe weiter zu Blatt 2, Seite 93 und schreibe es auf.
- **Meine Linien gehen unregelmäßig auf und ab.**
  Manchmal hast du es geschafft, deine Noten zu verbessern. Gut! Wie hast du das gemacht? Hast du dich besser auf Klassenarbeiten vorbereitet? Oder weniger Angst gehabt? Oder überlege es dir und dann
  → gehe weiter zu Blatt 2, Seite 93 und schreibe es auf.

- **Meine Linien gehen nicht aufwärts und nicht abwärts, und meine Noten sind leider nicht gut.**
  Immerhin: Du bist nicht schlechter geworden! Das ist schon ein Anfang. Wie hast du es geschafft, nicht abzurutschen und nicht schlechter zu werden? Irgendetwas musst du richtig gemacht haben! Überlege es ganz genau und dann
  → gehe weiter zu Blatt 2 auf Seite 93 und schreibe es auf.

- **Meine Linien gehen alle abwärts.**
  Kein Grund zum Verzweifeln! Du kannst wieder besser werden! Überlege dir sehr genau, was du anders machen kannst. Du kannst dazu noch einmal in diesem Buch nachsehen und einige Seiten durcharbeiten. Vielleicht möchtest du wissen, was man gegen Angst vor Klassenarbeiten machen kann. Oder wie du deine Hausaufgaben leichter und besser machen kannst. Oder wie du dich besser auf eine Arbeit vorbereiten kannst. Schaue im Inhaltsverzeichnis nach, in welchen Kapiteln du Hilfe finden könntest! Vielleicht solltest du dir auch Unterstützung holen: Frage deine Eltern oder deine Lehrer, was du anders machen könntest.
  Vielleicht solltest du eine Zeit lang regelmäßig mit jemandem zusammen lernen, mit Klassenkameraden oder mit einer Nachhilfelehrerin. Manchmal kann es auch sinnvoll sein, die Klasse oder die Schule zu wechseln, aber nur in Ausnahmefällen.

Professor Schönberg:
Das Wichtigste ist, dass du nicht aufgibst und dir einen Weg suchst, wie du zu besseren Noten kommen kannst. Du wirst es schaffen – es gibt immer einen Weg!

```
+++++++
+     +
+  1  +   Sehr gut! Du hast in den letzten Monaten erfolgreich
+     +
+++++++   gelernt. Herzlichen Glückwunsch! Mach weiter so!
```

```
+++++++
+     +
+  2  +
+     +
+++++++   Was ich richtig gemacht habe:
```

____

____

____

____

____

____

____

____

____

____

____

____

____

Wenn du es aufgeschrieben hast,
--> gehe weiter zu Blatt 3.

```
+++++++
+     +   Und jetzt überlege, was du tun kannst, damit du
+  3  +   auch da bessere Noten bekommst, wo du es bisher
+     +   noch nicht geschafft hast. Wenn dir nichts
+++++++   einfällt: In diesem Buch findest du eine Menge
```

Ideen. Schaue noch einmal nach. Oder sprich mit deinen Eltern oder mit Lehrern darüber. Du wirst mit Sicherheit einen Weg finden! Schreibe auf, wie du es machen willst:

____

____

____

____

____

____

____

____

____

____

____

Was habe ich dazugelernt?

Kreuze an, was für dich zutrifft und was du wichtig findest. Schreibe jeweils etwas dazu.

Jetzt bist du beim letzten Kapitel dieses Buches angekommen. Hat es dir gefallen? Hoffentlich hat es dir genützt. Auf diesen Seiten kannst du noch einmal überprüfen, was du gelernt hast.

Du kannst nachlesen auf Seite 26 – 27

○ Ich habe viele Fähigkeiten. Besonders wichtig finde ich diese:

....

....

Seite 41 – 43

○ Ich kann etwas tun, um mir die Hausaufgaben zu erleichtern und die Arbeit an den Hausaufgaben interessanter zu machen, und zwar:

....

....

Seite 46 – 48

○ Ich könnte folgende Hilfsmittel an meinem Arbeitsplatz brauchen:

....

....

Seite 68 – 70

○ Manche Aufgaben könnte ich besser in einem Lernteam machen, zum Beispiel diese:

....

....

Seite 77–83

○ Ich könnte mich in Zukunft anders auf Klassenarbeiten vorbereiten, und zwar so:

....

....

Seite 28–31

○ Wenn ich Angst vor einer Klassenarbeit oder vor einem bestimmten Unterrichtsfach habe, dann kann ich etwas tun, um die Angst kleiner und schwächer zu machen. Zum Beispiel kann ich

....

....

Seite 34–40

○ Wenn es mir schwer fällt, mich zu konzentrieren, kann ich Folgendes tun:

....

....

○ Ich habe einige Vorschläge aus diesem Buch ausprobiert:

Das habe ich ausprobiert:	Und so finde ich es:
....	....
....	....
....	....
....	....
....	....

○ Und zum Schluss etwas ganz Wichtiges, das ich unbedingt lernen will (in der Schule oder auch sonst):

....

....

Die etwas andere Lernreihe

DUDEN

Was ist zu tun, wenn Schüler mit dem Lernen Schwierigkeiten haben? Wenn Hausaufgaben und Klassenarbeiten ein Schrecken sind? Oder wenn die Freude am selbstständigen Arbeiten gefördert werden soll? „Lernen lernen" von Duden gibt Schülerinnen und Schülern richtige Anleitungen und Eltern die Sicherheit, ihre Kinder gezielt zu unterstützen.

Je Band: 96 Seiten. Kartoniert.

- **Richtig lernen in der Grundschule**
  Mit Spaß und Motivation zum Lernerfolg. Mit einem Ratgeber für Eltern
  ISBN 3-411-71911-7

- **Konzentration**
  Training von Gedächtnis, Wahrnehmung und logischem Denken
  4.–6. Klasse
  ISBN 3-411-71241-4

- **Lerntipps**
  Hilfen zur selbstständigen Verbesserung der Lern- und Arbeitstechniken
  5.–7. Klasse
  ISBN 3-411-71251-1

- **Schultipps für Eltern**
  Unterstützen Sie den Lernerfolg Ihres Kindes
  4.–10. Klasse
  ISBN 3-411-71811-0

- **Referate, Vorträge, Facharbeiten**
  Von der cleveren Vorbereitung zur wirkungsvollen Präsentation
  9.–13. Klasse
  ISBN 3-411-71821-8